U0040584

最高效思考筆記術

卡片盒筆記

德國教授超強秘技，促進寫作、學習與思考，使你洞見源源不斷，成為專家

HOW TO TAKE SMART NOTES

One Simple Technique to Boost Writing, Learning and Thinking– for Students, Academics and Nonfiction Book Writers.

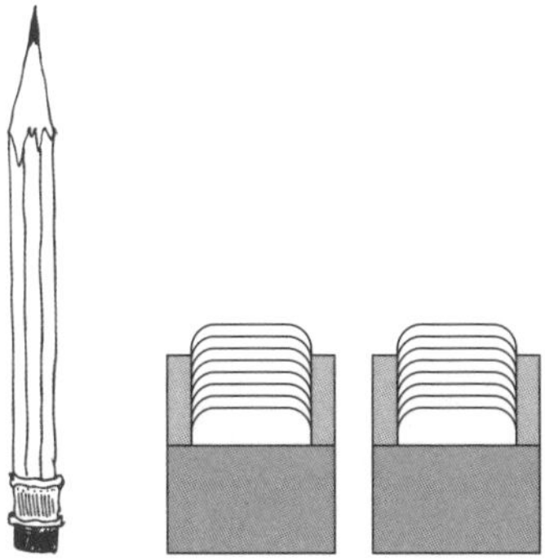

申克·艾倫斯 Sönke Ahrens——著

目錄

四大基本原則 102

六個寫作成功的步驟 143

全球正體中文版序

概念匯聚，創新持續

申克・艾倫斯（Sönke Ahrens）於二〇二二年二月十六日

有機會能為全球正體中文世界的卡片盒筆記愛好者，針對使用方法與原則貢獻出一些討論，個人何等榮幸，也非常感激。二〇一五年間我正撰寫此書之際，曾有機會一訪臺灣，還記得有天坐在台北市區裡的咖啡館，望著窗外城市的天際線，隨手又寫下一條筆記。

法國哲學家、漢學家法蘭索瓦・朱利安（François Jullien）精通中國經典哲學著作，向來是我學術上心儀的對象。他的作品不僅開拓了我的胸襟，也在我寫作此書時做出具體貢獻。他的風格兼具創新與務實：務實地指出若要將概念與觀點，從一個傳統思維傳移到另一個傳統思維，乃是困難的事；但他大膽地比較一些基本的差異，此時又顯出他的創新之處。相較於去理解中華思維方式，他更強調要透過對比來探究西方傳統思維的界限（這句話反過來說也通）。而他所提到的困難之事，就涉及了本書的紀錄筆記與寫作核心原則。

柏拉圖式傳統非常重視做規劃、設目標、有認同、最後因為靈光乍現而生精闢頓悟。卡片盒筆記不一樣。卡片盒筆記適用於非線性、進程慢、但持續有進度的工作性質；它會促進我們的思維產生持續、細微的變化，並且順著事物的「勢」而為之——這些都已在中國哲學當中有極為普遍的討論，而朱利安也注意到這點。至於我，則是因為借重了朱利安的視角轉換，等於間接採用中國傳統的思維，所以才能夠觀察到本書的主題、魯曼教授獨特的卡片盒筆記法。（註）

自從本書於二〇一七年首先以德文、英文版本問世以來，又發生了很多事情，其中最重要的就是，這本書找到了它的群眾。我很欣喜地獲悉，許多人和我一樣都有相同的體驗：卡片盒筆記那種去中心化、相互連結、由下而上的方式，比起教育工作者常倡導的線性、由上而下的方式，來得自然多了。還有，從卡片盒筆記又衍生出許多的寫作與筆記工具。

五年過去了，今天新一代的工具都有雙向連結的功能，筆記喜愛者社群不斷成長，卡片盒筆記的概念也獲更多領域的人接受。希望這個現象能促進多元思想在不同文化、語言之間自由交流，而這也正是卡片盒筆記的精髓：用嶄新、出人意料之外的方法，把各種不同的概念匯聚在一起，從而產生更多新的概念。

由於各種筆記工具（軟體）日新月異，所以我儘量不讓本書的內容綁定特定工具。書本的生命週期較長，應將重點放在長遠的觀點上。我們的工作方式不可避免地會受到使用工具的影響，而新一代的筆記 app 可兼容不同的工作方式，使我們工作時擁有更大的自由，但在這種情況下對於架構的需求也更甚於以往。這也連帶使得我們更應該重視卡片盒筆記的基要原則與根本元素，再把卡片盒筆記依照每個人不同的需求應用到不同的工具上。

註：朱利安有些作品已譯為中文，可以參見朱利安與他的出版者 Thierry Marchaise 之間的對話錄。張放，《從外部反思歐洲》，大象出版社，二〇〇五（簡體）。"Penser d'un dehors (la Chine)", Paris: Editions du Seuil, 2000.

推薦序

推薦序

讓矽谷經理人、軟體工程師與長春藤名校生都受惠的筆記產品

詹雨安／Heptabase 共同創辦人暨執行長

我是個熱愛學習和研究新知的人，從小就喜歡探索各式各樣的領域。不管是閱讀也好、看網路課程也好、與人對話也好，我總是會發現一些我以前不知道的知識，並為此感到興奮。

遺憾的是，人腦的記憶力有限，我不可能將全部的知識都裝在腦子裡。也因此，我一直想要建立一個涵蓋我所學一切的知識庫來輔助我的大腦，讓我在現實中遇到問題時，能迅速找到我需要的知識，使我的所學能真正的為我所用。

為了達到這個目標，我已經做了十年的知識管理，一路上也用過不少工具。

高中時期，我的筆記全部都是以 Microsoft Word 檔的格式裝在電腦的資料夾裡頭，但是三年下來，這些檔案和資料夾早就多到難以管理。大一那年，我全面改用 Evernote 數位筆記本。然而才過了一年，Evernote 單薄的分類系統也不再能滿足我大量筆記的整理需求。

棄用 Evernote 之後，我決定把我所有的筆記遷移到擁有無限階層的 Notion，可是在兩年之內又因為 Notion 階層式的結構變得愈來愈笨重，使我不再能有效管理、查找我的筆記。當我發現連 Notion 都不再能滿足我對知識管理的需求時，我感到相當苦惱。我過去幾年學到的知識量愈來愈大，但是沒有任何工具能真正幫助我有效的管理和回顧這些知識。

正是在此時，我遇到了《卡片盒筆記》（How to Take Smart Notes）這本書。

在遇到這本書之前，我先是注意到了網路上一篇標題叫 How One German Scholar Was So Freakishly Productive（一位德國學者為何如此恐怖地多產）的文章。在這篇文章裡，我初步認識了魯曼所提出的卡片盒筆記法。我發現這樣的筆記法非常地有彈性，能讓我透過連結的方式有機地去擴充我的個人知識庫，而不再需要擔心筆記的結構該如何設計。

讀完這篇文章後，我找到了它背後的原著，也就是 How to Take Smart Notes 這本書。這本書徹底改變了我看待筆記的方式，讓我瞭解到原來筆記也是有生命週期的。我可以將腦中零散的想法寫成靈感筆記（Fleeting Notes）、將閱讀到的內容用自己的語言寫成讀書筆記（Literature Notes）、再將這些靈感筆記和讀書筆記整合成相互關聯的永久筆記（Permanent Notes），建構出自己獨一無二的知識庫。在未來，我隨時可以利用知識庫裡頭的永久筆記來寫作、發論文。

在意識到卡片盒筆記法的威力之後，我下定決心一定要把它實踐到我的筆記系統裡頭。由於 Notion 的架構並不適合卡片盒筆記法，所以我陸續嘗試了 Roam Research、Obsidian 等專門為紀錄網狀筆記所設計的筆記軟體。

然而，實際使用過 Roam Research 和 Obsidian 後，我仍覺得還是缺少了什麼。雖然卡片盒筆記法能保存筆記之間的連結，幫助我建構出一個知識網路，但是它沒辦法有效地保存我的思考狀態。我可以從微觀上去閱讀單則筆記，也可以從巨觀上去觀看整個筆記網路的狀態。但是在大部分時候，我需要的是一種中觀視角，一眼看到十到二十則筆記之間視覺化的連繫和架構。

這十年來，嘗試了無數工具後，我意識到我夢想中的那個能真正幫助我整合一切所學、保存思考狀態的筆記軟體尚未存在。正是在意識到這一點後，我創立了 Heptabase 這家公司，致力於打造出能真正幫助我們思考和學習的筆記軟體。

如今，Heptabase 已經在矽谷第一的創業加速器 Y Combinator 孵化，被成千上萬的企業經理人、軟體工程師、學術研究員和常春藤名校學生使用。我們之所以能做出這樣的成果，很大程度必須歸功於《卡片盒筆記》這本書。正是透過將卡片盒筆記法的原理和二十一世紀認知科學的理論（視覺化學習、記憶宮殿）進行整合，Heptabase 這樣的產品才有可能誕生。

記筆記是我一生持續在做的事情，打造新一代筆記軟體則是我人生至今最重要的事業，而推動我從事這一切活動的，其實純粹是一顆熱愛學習的心。如果你也跟我一樣熱愛學習、期望能更好地管理你的知識，我相信《卡片盒筆記》這本書不會讓你失望！

推薦序

從豐富的素材開始

瓦基／閱讀前哨站

你是這樣做筆記的嗎？

你把生活當中讀到的、聽到的、學到的資訊，寫在一本又一本的紙本筆記裡，儲存在一份又一份的數位檔案裡。你在每本書裡面畫了一堆螢光線、在便利貼上面寫了一堆重點、在瀏覽器裡面收藏了一堆待讀文章。你創造了一堆分類，歸類了一堆檔案。結果，真的要用時，你卻找不到真正派得上用場的東西。

你是這樣寫作的嗎？

老師似乎教過我們，寫作就是要拿出一張空白紙，先定出一個文章主題，然後寫出大綱，接著再去尋找相關的資訊，把每一個段落陸續填滿。到頭來你卻發現，自己只是在重複填鴨式教育的過程，把一堆你不感興趣的資料，塞進一個你已經充滿成見的框架裡面。結果，你卡住了，你不但寫得不開心，你還不斷拖延自己的寫作計畫。

以上這兩種老派的方法，完全扼殺了筆記和寫作的真正樂趣。

幸好，你正在讀的《卡片盒筆記—最高效思考筆記術》這本書，即將翻轉你對寫作和筆記的認知。

本書作者 Sönke Ahrens 寫這本書的靈感，出自於一位德國的社會學家魯曼

（Niklas Luhmann）。魯曼在他的一生總共出版了七十本書和四百篇論文，探究的主題橫跨了多個跨學科領域：社會學、生物學、數學、電腦科學。而且，這些著作在當代學術界都佔有一席之地。他對知識的廣泛興趣、高產出的能力、源源不絕的洞見，全源自於他發明的「**卡片盒筆記法**」。

作者在這本書裡詳盡解析了卡片盒筆記法背後的原理和步驟，並以科學證據說明了這套方法為何有效。這本書是我讀過最精彩、紮實、充滿洞見的筆記和寫作專書，它會讓你重新認識筆記和寫作的精隨。

我之所以對這本書抱以如此盛讚，是因為我在過去三年間，於「閱讀前哨站」部落格發表過一百八十篇讀書筆記，每週發表一篇的頻率背後，正是高強度的筆記習慣和寫作紀律。在閱讀此書時，我的心中產生無數的共鳴，同時也獲得了許多新的震撼，尤其當我將卡片盒筆記法融入我的寫作流程時，更感受到以往不曾體驗過的樂趣和動力。

你會從這本書裡學到什麼呢？我認為有以下三種最重要的啟發：

簡單易用的筆記系統。一個好的筆記系統不該添加多餘的功能和選項，它們會盡可能把複雜和分心的元素移除，留下唯一重要的功能：思考。只有當你完全信任系統，你才真的知道所有事情都被處理和紀錄了，然後才能讓腦力專心在手邊的任務上。卡片盒筆記法會幫你降低大腦負擔、讓自己思考得更好。

每一則筆記在未來都有用處。當你知道自己當下寫的筆記，對未來可能有「用處」時，你就更容易放手去寫。你不會覺得有任何時間被浪費掉，你不再覺得自己白費功夫。你知道的是，你只是「借用」了未來你期望在某個時間點會發生的「靈感」，在這個時候被你捕捉下來而已。卡片盒筆記法會幫你寫出更多有用的筆記。

從豐富的素材開始寫作。就像我們在烤肉的時候，要點燃第一塊木炭是最難的。

可是，一旦木炭開始燃燒，要維持炭火就容易許多。我們要在身旁準備好各種大小的木炭，用來維持穩定的燃燒。寫作就如同「烤肉生火」，你必須先把筆記準備好，擺放在唾手可得的位置，接著替文章起一個頭，然後讓筆記成為你的燃料，視情況增添柴火，讓寫作的過程維持熱度。筆記的素材愈豐富，寫作的靈感就愈旺盛。卡片盒筆記法會幫你寫出更精彩的文章。

學會卡片盒筆記法，讓你從豐富的筆記開始思考，從豐富的素材開始寫作。所有豐富的知識表達，一開始都源自一則筆記。

推薦序 迫不及待要和你分享：菁英高手都在使用卡片盒筆記法的原因

朱騏／數位產品經理

卡片盒筆記法好在哪裡

卡片盒筆記法是由德國社會學家 Niklas Luhmann（尼克拉斯・魯曼）發明的方法，在德語中 Zettel 是卡片／筆記／紙條的意思，而 Kasten 則是盒子／箱子的意思，合併起來就是卡片盒筆記法。

這個方法之所以這麼有效，我認為有三個原因：

1. 降低寫作難度

寫一篇一千字的文章，跟寫五張二百字的卡片，哪一個做起來比較簡單呢？答案是後者，因為你單次需要寫的字數比較少！

這兩件事情的成果看起來相同（總共一千字的產出），但是執行過程中的情緒感受是完全不同的。這就是將「一件困難的事情」，拆解成「好多件簡單、可快速解決的小事情」的好處。

2. 提升內容拼裝的靈活度

我們想像每一張卡片都是一塊樂高，內容各自獨立。如果改變卡片的排列，影響的只是內容的閱讀順序。

回想看看，小學時在作文課學習造句的「正敘法」跟「倒敘法」。電影中導演刻意安排從片尾的橋段當開場，慢慢說明為什麼會有這樣的結果，都是類似的應用。如果文字內容是可以分拆的，我們就能夠自由地安排呈現順序，營造不同的閱讀感受。

3. 當作提示靈感麵包屑（breadcrumbs）

假設你到一座森林探險，要如何讓自己不迷失在森林深處呢？一個簡單的作法是：沿路撒麵包屑，之後循著麵包屑的路徑返回入口。（讓我們暫且先忽略麵包屑被小動物吃掉的可能性。）

「寫卡片」也能有類似的效果。如果在日常生活中，我們將吸收一則資訊的來源出處簡單紀錄在卡片上，後續複習就容易多了。

卡片盒筆記法如何幫助我更好地創作？

過去我們寫筆記有兩種極端：不是寫的太長，就是寫的太短。這兩種方法都會產生相同的結果——筆記不利於重複利用。

我在學習魯曼的方法後，改變成以「卡片」為單位來寫筆記，也就是將內容拆分開來，一張「卡片」只寫一個知識點，並且與過去曾經寫下的筆記做個連結（紙本筆記就是寫上頁數，數位筆記就是連結功能）。

現在當我要寫作或做工作上的研究時，就會把相關的卡片拿出來看一看。因為這些卡片上都做好連結了，我就可以一張循著一張，快速搜集需要的資料與筆記。然後將資料攤在桌上，按照性質做好分類，排定內容的先後順序，再做一下前後段落的潤稿。Done. 一篇創作就這樣完成了。

卡片盒筆記法讓我不必從一張白紙開始寫作，更減少了對於寫作時不知道要寫什麼的恐懼。

這套方法還有個迷人的地方，就是可以跟許多的數位筆記工具結合，例如我結合 Obsidian 來進行創作，產出效率大幅提升！（有興趣的話可參考 https://bit.ly/obsidian_tutorial）

很多高手也都在使用卡片進行創作

有趣的是，使用「卡片」來進行創作並非只有魯曼教授一人。歷史上有許多作家都曾採用「寫卡片」的方式來寫作，例如：

1. 我國作家納博科夫（Vladimir Nabokov）曾經將一部小說的內容拆解，用一張張卡片的方式，拼組成世界著名小說《蘿莉塔(Lolita)》。
2. 中國作家錢鍾書，用類似的方式寫出一本膾炙人口的好書《圍城》。
3. 日本生態學家、民族學教授梅棹忠夫，在其著作《智識的生產技術》中解說了如何用「寫卡片」的方式，來應對這個世界的資訊超載困境。

眾多的例子都告訴了我們：「寫卡片」可以有效提升一個人的產量。

一起加入寫卡片的行列

綜合以上的內容，我們應該已經了解，創作，不過是將多張小卡片拼裝起來，並且連結彼此的內容。那麼，現在你對於寫作或寫報告，是不是心理的壓力就不會這麼大了呢？

卡片盒筆記法的概念很像是在儲蓄，當我們寫完一張卡片並放到卡片盒中，就像是在銀行中存錢。未來你需要用到這筆錢時，就到帳戶中看一看。你會驚訝地發現，原來你已經存下了這麼多錢可使用。

它不難，但好處多多。歡迎您現在就開始，讓自己更上一層樓！

推薦序

有效使用大腦，使學習升級的筆記和寫作

林威宇／財報狗產品經理

如果你想提升自己的思考能力，我相信這本書一定能夠幫助到你。這本書不只影響了我做筆記的方法，甚至影響了我的思考流程。從閱讀、吸收、整理、分析到輸出，透過本書提到的技巧，讓我能夠在更短的時間內，挖掘更深的洞見。

作者認為，「寫作」不是發生在研究、學習或研讀之後，而是這整個過程的媒介。透過這些有效的筆記和寫作，我們能更有效率地使用我們的大腦，升級我們的學習系統。

我想很多喜歡閱讀的人都和我一樣，在閱讀的過程會有一種自己變聰明的感覺。彷彿在閱讀過程中，我們能像作者一樣靈活運用這些知識，當讀完以後，我們就變成了升級版的自己。

如果事情會這樣發生，那就太好了。可惜，往往事與願違。在過去的閱讀經驗，有兩個問題時常困擾著我：第一，讀的過程覺得內容很有道理，讀完卻說不出對自己有什麼實質影響；第二，同一本書過幾年後重讀，發現裡面很多畫線的重點，事後根本就沒有記得或用到。

簡單來說，當我放下書以後，我並沒有變成升級版的我。當一本書從頭到尾翻完，一覺醒來，書還是書，我還是我。這是一件很沒有效益的事情，如果我們沒辦法將知識內化運用，學習毫無意義。

在尋找更有效的學習方法過程中，我接觸到了這本書。用這種方法寫出來的筆記會很像你的頭腦：它們是點子與點子的連結，你可以將不同想法連結在一起。如果在記錄想法的當下，就能有效建立這些連結，日後從任何一個點子出發，都能夠快速連到所有相關的筆記，就像一個密密麻麻的網狀結構。在這過程中，不只能更理解自己寫下的東西，也讓這些筆記在適當的時候，會自動跑到你的面前。

千萬不要覺得這本書描述的方法很麻煩，這幾年已經有許多新一代的筆記軟體支援雙向連結功能，讓這本書所提的方法更容易使用。如果讀者有興趣，可以選幾款有興趣的玩玩看。曾經擔任 iOS 的工程師 Andy Matuschak 參考卡片盒筆記法，發展出長青筆記（Evergreen note）的概念，也很推薦大家可以研究看看。

透過這種筆記的方法，當我們在未來遇到問題時，可以更容易將過去學到的東西靈活應用；也能將現在學到的東西作為未來更深入內容的基礎，並且建立跨領域的連結，提出創新的想法。往後接觸到新的資訊，都能將他人的觀點結合自身的知識，成為獨特的洞見，這就是這本書給我最大的益處。

推薦序

讓卡片筆記術成為你高效生產的秘密

張永錫／時間管理講師

二〇二一年七月十日晚間，我在B站傾聽本書作者申克博士簡體中文版發表會演講。為了這場演講，我已經花費數週閱畢這本著作，但是聆聽申克博士現場演講，仍然是很受震撼。

在演講中，他講述了卡片筆記術的用法、他和德國社會學魯曼博士的淵源，以及為何公開寫作很重要等許多議題。直播後，申克博士在小群組和大家交流了三十分鐘。我心中暗自下了個決定：我一定要學會卡片筆記術。沒想到，這個決定開啟了一段漫長的英雄旅程。

要學好卡片筆記，除了看德文的網站，就只能精讀《卡片盒筆記》這本書。但從閱讀到理解有三個難處，語文難、引用難、工具難。

語文難，是因為卡片盒（Zettelkasten）的原始資料都是德文，寫成英文書已經不容易，閱讀簡體中文有術語問題，屢屢需對照 Kindle 上面的英文版，老實說並不容易。

在引用上，本書有一百多個引用，這也是卡片筆記術的核心技巧，雖然設計精妙且實用，對於未接觸過人文學科學術引用的我，是第二個困難。

最後是工具難。魯曼博士操作卡片盒使用 A6 紙質卡片，現代人當然用電腦，但這些雙向筆記工具，又昂貴又難學，這是第三個難處。

幸好，我不是一個人，有一群擅長工具又熱愛卡片盒的老朋友和我並肩作戰。我們透過直播、圖文、Youtube、Zoom 會議、碰面討論等多種方式，一面從做中學，一面以社群共學方式逐步理解卡片筆記術中各種卡片的意義及使用卡片盒的工作流程。

終於我駕馭了複雜的 RoamResearch，把卡片盒順利架設在其上，開心的同時卻也擔心 RoamResearch 學習曲線陡峭、缺乏視覺引導、月費昂貴學等缺點。

有一位老朋友介紹了詹雨安（Alan）給我，他是 Heptabase 筆記服務創辦人，幫助人們用視覺化的方式架構卡片盒及高效產出。透過 Alan 我認識更多熱愛卡片盒的新朋友，進一步讓我體會到卡片筆記術對於創作者、社群經營者的強大功效。

不僅如此，一開始的語文、引用、工具三大阻礙，反而成為轉彎的助力。我們為本書的電子書版本建立了扼要術語表，讓讀者更容易理解文本。而理解引用的重要後，我開始運用在演講簡報上，透過言簡意賅的引用，讓論證更加完整，聽眾都很喜歡。突破工具的難處後，寫作時可以即時檢索需要的資料，讓寫作靈感不中斷，就像寫這篇文章一樣，完成大綱後，一氣呵成能就寫完初稿，第二階段再細細校正。

於是我自掏腰包購買 Heptasbase 給團隊編劇，藉由她收集、分類、整理訊息的能力，幫助團隊不僅管理好文件，更創作出更好的線上課程，幫助更多人高效產出。

是的，我們團隊正在製作一堂卡片筆記術的新課程，你不需要花費數年理解理論和工具如何搭配使用，你可以和一群新朋友一起學習。這堂課將聚焦在高效產出的秘訣，搭配工具教你建立運用卡片盒的工作流程，讓內容產出質量皆佳。

書寫與學習

書寫與學習

每個人都會寫點東西，特別是從事學術或研究的人。本書能幫助以下三類型的人士：學習者（例如學生）、教學者（例如教授）、非虛構類作品的作者（這類型的人士當然也需要寫作）。當然，我們書寫的內容不一定是論文、報告、文章或書籍，每天的基本書寫也是寫作的類型之一。若我們想要記住某件事情，不論是一個想法也好，還是一個引用（引文）或研究成果，最好的方法就是寫下來。我們想要整理自己的想法、跟別人交換想法的時候，也必須寫下來。學生考試的時候當然需要用寫的，但即使是在準備考試的階段，第一個動作也是拿起筆跟紙（就算是準備口試也是如此）。我們會寫下來的，不單單是「擔心沒記下來就會忘掉」的事情，更包括「我們想要記憶」的東西。所有要用到頭腦的，都是先從做筆記開始。

「書寫」在學習、研讀、研究的過程中扮演了最核心的角色，可是我們對寫作這件事卻很少思索過，這點還頗令人驚訝。即便有討論到寫這件事，焦點也多半放在「長篇的作品」上面，如一本書、一篇文章，或者是必須繳交的研究報告與論文（如果你是學生的話）。乍看之下是很合情合理，因為這些事情的確會造成極大的焦慮，讓我們痛苦最久。於是，絕大多數為學者、學生所寫的工具型書籍或學習指南也只把重點放在「寫出來的內容」上，卻沒提到平常必須要寫下來的筆記。**而筆記，才是我們寫作當中最重要的部分。**

目前市面上相關的書籍大致分為兩種。第一種是關於寫作形式的規範，包括書寫的結構、風格、如何正確引用資料等。另一種是偏心理層面，告訴讀者如何在自己發瘋、你老闆或出版社不肯延期之前，把自己該寫的長篇寫完。上述書籍都有一個共通點，那就是：寫作的起點，是一張空白的紙，或者空白的電腦螢幕。[1] 但是在面對一張白紙或空白的螢幕之前，還有一個最重要的步驟被忽略了：做筆記。大家

1. 請上網參考加拿大多倫多大學的寫作指南：http://www.writing.utoronto.ca/advice

似乎也沒有瞭解到，如果可以讓自己寫出來的東西更有組織更完整，書寫的結果會大不相同。教你寫作的書籍其實都忘了，寫作的起點，遠遠早於「面對著空白螢幕開始打字」這個動作，而且把論點寫下來只是整個寫作過程中最不重要的部分。

本書主旨就在於填補這些空隙，告訴你如何有效率地將自己的想法和發現寫成具有說服力的文字，同時建立起一個很有效、又能互相連結的筆記寶庫。這個豐富的筆記寶庫可以讓你好好利用，使你的寫作更容易、更有樂趣，還能長期持續地學習，不斷產生新的想法。而最重要的是，如此一來，你每天都可以寫出東西來，不會讓計劃停滯不前。

「寫作」這個動作不是發生在研究、學習或研讀之後，而是這整個過程的媒介。也許就是因為這個緣故，使我們很少仔細思考關於書寫這件事，包括日常的書寫、寫筆記、擬草稿。寫東西就像呼吸一樣，對於我們所做的一切至關緊要，但正因為我們常常在寫，所以沒有特別在意。不過，再厲害的呼吸技巧也無法讓我們的寫作有什麼不同、讓我們每天的寫作更有成效。但我們如何把自己所讀到的、還有我們所做的，做成筆記記下來，等到我們面對空白螢幕或紙張的那一刻，就會造成極大的差異。當然，對那些會寫聰明筆記的人來說，不會有什麼差異，只要能夠聰明地寫筆記，就永遠不會有寫不出東西的煩惱。

筆記不受重視還有另一個原因：我們就算亂寫也不會立刻收到負評。而正是因為亂寫筆記也不會立即受挫，因此我們不覺得需要有人教我如何寫筆記。根據圖書市場的運作，某領域沒什麼需求的話，也就沒什麼好出書的。於是學生跟作者驚慌地面對空白螢幕時，只能去找書架上各種關於寫作的現成工具書籍來參閱，而出版商也順應大眾需求，出書的重點只放在如何面對這種為時已晚的窘境。

如果我們筆記做得沒有系統、沒有效率，或根本不對，很可能表面上看不出有問題，但等到交稿期逼近，整個人才開始大恐慌，可是又無法理解為什麼有些人可以一方面寫出很多高品質的東西，一方面每次約他喝咖啡都有時間。儘管如此，我們依舊有可能看不清楚問題在哪——問題在於，優良的筆記方法跟拙劣的筆記方法，真的會帶來天差地別的效果。「有些人就是那麼厲害啦」、「寫東西本來就很難嘛」、

「過程難免都是痛苦的」等等說法只會阻撓我們去探究「到底成功的寫作策略跟不良的方法有什麼不同」。

正確的問法應該是：在我們開始動筆之前的幾個禮拜、幾個月，或甚至幾年，我們可以做些什麼不同於以往的事情，讓我們可以達到最好的狀態，不必太費力便可以寫出不同凡響的報告？

很少有人會覺得寫簡訊或電子郵件給朋友很痛苦，也很少人會因為不知道如何正確引用資料、因為有心理障礙，所以就完全不敢寫作，畢竟引用文獻資料的正確規則很容易查到。既然如此，為何還有這麼多人交不出論文、報告？

大多數人是因為很瑣碎的原因在痛苦，例如空白頁的迷思：一般人覺得很難下筆，是因為他們相信（因為他們已經被洗腦），寫東西要從空白頁開始。如果你覺得自己沒什麼東西可以寫在這個空白頁上面，那你當然會恐慌。你把一切知識與資料存在大腦裡，這樣是不夠的，要真正寫出來才是最難的。也因為這個緣故，所以**優異又多產的寫作必須要奠基於好的筆記方法。**比起搜索腦袋裡有哪些資訊然後在腦袋裡把它們組合起來，把自己已經寫下來的東西連結為完整的內容，可真是超級無敵容易的。

結論是，報告的品質與撰寫的難易度，取決於你在決定題目之前，做了什麼與寫作有關的事情。如果成功寫作的關鍵在於事前的準備（我百分之百相信是這樣），那麼這就意味著大多數的寫作指南或寫作教學工具書籍只能幫助你亡羊補牢：教你正確地使用官方準則把破損的羊圈修補好，問題是此時羊兒早已不知跑到哪裡去了。

記住這點，你就不會訝異：原來在學術界成功的最重要因素，跟頭腦智商無關，而是跟每天怎麼進行工作的方式有關。事實上，高智商與學術成就並沒有明顯的關聯性，至少智商超過一二〇就沒什麼相關了。確實，具有一定的智力可以幫助一個人進入學術殿堂，況且如果你連智力測驗都過不了，那也無法解決以後唸書會遇到的問題。但是一旦你進入了大學，高智商既不會讓你特別傑出，也難保你不會失敗。不論智力為何，真正會造成顯著差異的是另一個因素：一個人會以多大的自律與自我控制來完成指定的任務（Duckworth and Seligman, 2005; Tangney, Baumeister, and

Boone, 2004）。

你是怎樣的人一點也不重要，重要的是你做了什麼。若能完成指派的任務，而且是用聰明的方法完成，那麼成功就是指日可待。乍聽之下，這有好的一面，也有不好的一面。好的一面是，我們可以不太在意自己的智商多少，同時運用個人意志力使自己更自律，這些是我可以掌控的。不好的一面則是，我們其實並沒有這種掌控力，我們無法單憑意志力就達到自律或自制。我們知道，[2]意志力是一種有限的資源，很快就會耗盡，也無法長期提升太多（Baumeister, Bratslavsky, Muraven, and Tice, 1998; Muraven, Tice, and Baumeister, 1998; Schmeichel, Vohs, and Baumeister, 2003; Moller, 2006）。畢竟，誰會想讓自己那麼辛苦呢？

2. 關於意志力或「自我耗損（ego depletion）」目前引發很大的議論。不過我們可以很有把握地說，用意志力來完成事情，從長期來看，是很糟的策略。相關的概述請見https://replicationindex.wordpress.com/2016/04/18/is-replicability-report-ego-depletionreplicability-report-of-165-ego-depletion-articles/

幸好我們還有救。我們已經知道，自制與自律跟我們所處的環境比較相關，而不是我們本身（請參考 Thaler, 2015, 見它的第二章），還有，環境是可以改變的。當旁邊沒有人時，我們不需要用意志力克制自己不吃巧克力棒。同樣的，我們也不需要用意志力去做自己很想做的事情。凡是很有趣、有意義、清楚界定的事情，我們都會完成，因為長期和短期的興趣之間並沒有什麼衝突。有趣跟有意義，永遠都能打敗「用意志力硬撐」。不是叫你「要有意志力」，而是「你根本不需要用到意志力」，這樣才代表你已經做好成功的準備。這也是寫作與筆記系統開始大大發揮功能之處。

1. 關於寫作，你需要知道這些

一般在教導關於寫作與做筆記的技巧時，都沒談到整體的流程。本書的宗旨就是要改變這點。本書將告訴你，書中介紹的這一套做筆記工具，是如何讓一位釀酒商之子最後成為二十世紀最有成就、最受尊敬的社會學家。還有，本書將會解說他如何把這些筆記工具導入自己的工作流程中加以實踐，最後他的心得是：「我從來沒有強迫自己去做任何不想做的事情。只要一卡住，我就去做別的事。」一個好的系統可以讓你做到這樣：無縫接軌從一個工作轉移到另一個工作，而不會影響整體的安排，或忽視更大的未來前景。

一個好的系統，必須是你可以信任的系統。它可以讓你不必去記住每件事，不必費心回想整件事是如何發展到今天的。如果你可以信任這個系統，你就能夠放手，不必費心想要在腦袋裡彙整所有資料，反而可以開始專注在真正重要的事情上面，也就是：你寫作的內容、你的論述和想法。將「寫報告」雜七雜八的各項工作切分為較小、清楚區分的工作，就能一次專心做一件事，一次完成一項，然後再做下一個（參見本書3.1）。

一個好的系統還能夠讓流程順暢進行，你會完全沉浸於自己的工作狀態當中而忘了時間，只是一直做著，因為這時已無須費力了（Csikszentmihalyi, 1975）。這樣的狀況，不會出於巧合而偶然發生。

不論是學生、研究人員，還是非虛構類的作者，都享有比別人更大的自由，可以選擇要把時間專注在哪些事情上。然而，我們還是常常會因為拖延或缺少動力而痛苦莫名。顯然原因並不在於我們找不到有趣的題目來寫，而是在於我們採用了有瑕疵的工作流程，使我們被工作流程牽制，沒有全盤掌控整個進程，朝著正確的方向前進。一個好的、有組織的工作流程，可以讓我們拿回掌控權，使我們更自由地在對的時間做對的事情。

「擁有清晰的寫作結構」，和「訂定寫作計劃」，這兩者截然不同。如果你制定了一個計劃，等於是為自己強加一個計劃，那就可能會把自己限制住了：若想依照計劃前進，必須強迫自己寫作，且會耗用你的意志力。這不僅讓人心情沮喪，也不適合像是研究、思考型工作及學習這種開放型的過程（Open-ended process）。在開放型學習過程中，我們必須在獲得新洞見、新理解及新的回饋時，調整下一步寫作行動（在理想上，新的洞見、理解和新的回饋，應該是常常發生的，而不是偶然才有）。雖然「寫作計劃」和「真正的研究與學習」很不一樣，但許多學習指南和學術寫作書籍卻非常重視計劃。問題來了：在本質上，洞見何時會出現，並無法預知，我們怎麼能用計劃的方式讓洞見產生？「沒有計劃，就是無意義的亂寫」這種說法真是個巨大的誤區。其實，我們真正需要的不是計劃，而是建構一個工作流程，讓洞見和新想法在流程中發揮驅動力。如果一個計畫很容易受到不可預期因素（例如新的洞見、理解）所影響，那我們又怎能倚賴它呢？

很遺憾，即使是在大學校園裡，也正試圖想把學生變成做計劃的人。當然事先計劃好，並且確實執行，就可以讓你通過考試，但卻無法讓你成為精通學習／寫作

／筆記技巧的專家（關於這部分的研究請見本書1.3）。做計劃的人，在計劃（亦即考試）結束後也不可能繼續唸書，他們反倒應該會很高興計劃終於結束了。在另一方面，專家絕不可能主動放棄那些有趣、有成果的東西：如果你的學習能不斷產生新的見解，那麼這樣既可以不斷累積，又可以一直激發出新的想法。

既然你願意花時間好好研讀本書，這就足以證明，與其在那裡做計劃，你寧願當個真正精通的專家。

假如你現在只是學生，想要尋求協助，精進自己的寫作，那麼你有前途，因為通常只有最優秀的學生才會這麼努力。好學生會字斟句酌，因為他們想要找到最正確的表達方式。好學生也會花更長的時間，才能找到優秀的書寫主題，因為他們從經驗得知，腦袋裡突然迸出的第一個想法通常都不怎麼樣，而且好的點子不會從天下掉下來。他們會在圖書館花更多時間，遍覽文獻資料，讀進更多的東西，這也意味著他們必需面對更多應接不暇的訊息。讀得比較多不見得等於有比較多的想法。特別是在一開始的時候，那樣只會產出更少的想法而已，因為你知道，大部分的想法，其他人早已經想到了。

好學生還會去查看比較不為人知的部分。他們除了自己的領域之外，更會去探究其他相關的領域，而一旦這麼做之後，就再也無法回頭和其他人做同樣的事情了——從此以後他們必須處理各種不同的概念，卻沒有任何手冊或指南可以教導他們如何把這些概念組合在一起。

也就是說，這時我們就需要一個系統，可以掌握一直不斷在增加的訊息，讓我們用一種聰明的方式把不同的想法組合起來，目的是產生出新的想法。

壞學生則完全不會有這些問題。只要他們乖乖聽老師的，讀完老師指定要讀的內容（往往根本沒讀完），就不會需要什麼外在的系統，而且只要按著一般「如何寫科學報告」的規則，就可以順利寫完報告。

事實上，成績較差的學生往往會自我感覺良好，覺得自己表現得更優秀（直到考試成績出來），因為他們沒有自我懷疑。在心理學上這即是所謂的達克效應（Dunning-Kruger effect，Kruger and Dunning, 1999）。成績差的學生不知道自己的侷限在哪裡，必須等他們終於知道，原來外頭還有更廣博浩瀚的資訊在那裡，這時他們才能看出來「原來我所知是多麼有限」。

換句話說，並不精通某事的人多半會過度自信，而那些非常努力的人則大多低估自己的能力。表現不好的學生不會煩惱找不到題目來寫，因為他們既沒有自己的見解，也沒有信心自己是否已經充分思考過某個主題了。他們也不擔心能不能在文獻中找到確切的證據，因為他們通常沒興趣、也沒能力，去查明與思考「證明不成立」的事實與論述。

可是優秀的學生會不斷提高標準，因為他們專注在自己還沒學過、還沒精通的事情上面。這是為什麼那些成績優異、知道學無止境的學生，很可能會出現心理學家所說的「冒名者症候群」——總覺得自己不是真的那麼優秀，雖然他們已經是表現最好的了（Clance and Imes 1978; Brems et al. 1994）。

本書就是為了你們而寫的——優秀的學生、有企圖心的學者教授、有好奇心的非虛構類作者。你們知道，要擁有獨到的洞見是一件多麼不容易的事，而寫下來不僅是為了要公開發表，也是一種重要的方式，可以獲得值得分享的獨特見解。

1.1 好的寫作其實很簡單

你不必建立一個複雜的系統，也沒有必要把讀過的所有東西都整理起來。只要學會聰明的「卡片盒筆記法」，馬上就可以開始發展想法，進一步加以處理。

不過複雜度是個問題。縱使你沒有想要發展出什麼偉大的理論，只是單純想紀錄自己讀了哪些東西、整理自己的筆記、產出自己的想法，你還是必須要處理愈來愈複雜的內容主體，特別是因為你不只是在蒐集想法，而且還要產生連結，激發新的想法。大部分人會試著把收集到的東西分門別類，歸納到更小的類別或個別不同的檔案裡面，以求降低複雜度。他們會以主題跟子題來將筆記分類，想使資料看起來沒那麼複雜，但免不了很快便會變得錯綜複雜起來。不僅如此，這樣做會降低在筆記之間建構、發現令人意外連結的可能性，導致最後必須要在「易用」與「有用」兩者之間做取捨。

幸好我們不需要在「易用」跟「有用」之間做選擇。而且還恰好相反。處理複雜度的最好方式，就是儘量讓事情愈簡單愈好，儘量只要遵循幾個基本原則就好。簡單的架構才可以讓複雜性產生在我們希望的地方：亦即內容的層面。這一點已經過廣泛實驗與合乎邏輯的研究（參見 Sull and Eisenhardt, 2015）。而採用聰明的卡片盒方式做筆記，是再簡單不過了。

關於本書提到的卡片盒筆記法，首先是個好消息，關於我們在初始階段必需耗費的時間和力氣。採用卡片盒筆記法之後，雖然你會大幅改變自己閱讀、筆記、撰寫的方式，卻不需要太多事前準備的時間（除了，如果你採用線上的筆記軟體，一開始所需要的搞懂、安裝的時間）。這裡不是說你必須把前面做過的重做一遍，而是指從現在開始改變工作的方式。真的不需要把你已經有的東西重新整理。只是在你要處理資料的時候，以不同的方式處理而已。

還有個好消息是，我們不必從零開始發明一種新點子，而是把兩個眾所周知、實證有效的點子結合在一起即可。第一個點子即是本書的核心重點，就是卡片盒的簡單技巧。我會在下一章解釋這個系統的法則，說明如何應用於學生、教授、學者、非虛構類作者的日常習慣中。還好現在這些主要操作的系統都有數位化的版本，不過如果你偏好使用紙跟筆的話，也是可以。從產值跟簡易度等角度來看，不管怎樣你都可以輕易超越那些不懂得聰明做筆記的人。

第二個點子同樣重要。如果你不肯配合這套工具去改變你的工作習慣，那麼即使有了最厲害的工具也無法大幅提高產能，正如同若馬路沒有修好，即使跑最快的車子也沒法幫你省時間。改變工作習慣，意味著你會經歷一段「一直想回到舊有模式」的時期——這點就跟我們想要改變行為時的情況很像。新的工作習慣一開始可能會覺得很不自然、違反自己的直覺。這很正常。但只要習慣了用聰明的方式做筆記，便會覺得實在太自然了，甚至你還會納悶，自己以前沒採用這套方法，是怎麼把事情完成的。要養成習慣，需要簡單、可以重複做的工作項目，才能想都不必想、自然順暢地銜接起來（請參見 Mata, Todd, and Lippke, 2010）。只有當所有相關的工作都銜接成一個整體、相互連結的過程，所有的障礙都移除了，才會有重大的改變發生（這是為什麼你在網路上搜尋到的所謂「十個提高產能的驚人工具」都沒什麼用的原因）。

總體工作流程的重要性是大衛．艾倫（David Allen）在《搞定！》（Getting Things Done）（Allen, 2001）一書中的精闢見解。認真的知識工作者幾乎都知道這本書講述的 GTD 法則，理由很簡單，就是：有效。GTD 法則是把所有需要做的事情集中在一起，然後用規格化的方式處理。這並不是指我們把凡是想做的事情全部做完，而是強迫我們做出明智的選擇，規律地檢視我們此刻手上的任務是否符合整體的計劃。只要我們知道，一切都有在進行，不論是最重要的部分，還是枝微末節，我們便能夠放心，專注在我們眼前的事情。只要沒有其他事情停留在我們工作的記憶體裡，佔用了寶貴的腦力資源，我們就能達到大衛．艾倫所說的「心境如水」的狀態，在這個狀態之中，我們能夠專注在眼前的工作，而不會被一直冒出來的思緒搞得分心。這個法則很簡單，但卻具全面性。它不是什麼應急之計或什麼神奇的方法，它也無法代替你完成工作。可是它可以為我們日常的工作提供一個系統，且可以處理以下這個真實狀況：我們之所以分心，原因不是來自於我們周圍的環境，而是源自於我們的心。

遺憾的是，當我們的任務是撰寫一篇能提出見解的寫作，則大衛・艾倫這套技巧就沒辦法簡單轉用了。原因首先出在 GTD 法則只適用於清楚界定的目標，但是「獨到的見解何時會出現」無法預先確定，反而通常都是先從相當模糊的想法開始，在研究過程中不斷改來改去，直到比較明確為止（請參見 Ahrens, 2014, 134f.）。因此要提出特殊見解的寫作，必須以開放許多的態度來統整。另一個原因是 GTD 法則要求將工作拆分成更小、更具體的「步驟」。當然提出見解的寫作或學術著作也是要按步驟一次完成一個動作，但最常見的是，這些步驟實在細瑣到不行，根本不必寫下來（例如查看註腳、重讀某一章、寫出一個段落），或者太過重要，而無法用一個動作完成。此外，要預測下一步之後做哪個步驟，沒那麼容易。你可能會注意到一個註腳，然後去快速檢視一下；你想瞭解這一段在講什麼，因此需要查閱資料確認；你寫了一條筆記，回頭繼續讀，然後又突然跳起來，把腦中冒出來的句子寫下來。

寫作不是一種線性的過程，我們必須一直在不同的工作項目中切換。要以 GTD 的標準來對我們自身做細節管理是沒啥意義，把重點放在更大的架構也沒有什麼幫助，因為我們接下來只知道要做的步驟是「寫出來」。把你該做的事情全都引導至「寫出來」，這樣真的沒有用，因為常常其他一大堆的事情就得花一小時或一個月來處理。我們大多是等到「看到了」才知道「接下來往哪走」。基於以上原因，《搞定！》一書當中的 GTD 法則從來沒有真正引進到學院裡——雖然這套方法在商業界非常成功，在創業者之間也有很好的口碑。

不過我們可以從大衛．艾倫身上學到的一個重要概念是：一個組織之所以能夠成功，秘訣在於採取全面性的觀點，亦即每個細節都得處理，否則遺漏的部分不但一直會在那裡很煩人，最後還會導致不重要的工作項目演變成火燒屁股的急事。就算工具再好，如果只是把它們單獨運用，那也無法帶來多大的改變。唯有將優良的工具與構思完整的工作流程緊密結合，這些工具才能發揮效用。如果無法結合在一起，有再厲害的工具也沒用。

講回寫作這件事，整個程序，從研究到校稿，裡面每個環節都是緊密相關，每個細微的步驟都必須連結在一起，才能使你從一個工作項目無縫銜接到另一個項目，但同時每個項目又必須獨立作業，好讓我們不管碰到什麼情況都能靈活地完成該做的事情。而這是大衛・艾倫另一個獨到的觀點：只有當你信任你的系統，只有當你真正知道每一件事都會被顧及到，你才能放下心來，讓自己專注於手邊的工作。

這是為什麼我們需要一個具有全面性、能涵蓋一切（像GTD那樣）的筆記系統，而這個系統又必須能與寫作、學習跟思考的開放式流程相互搭配。接下來，就讓本書要介紹的「卡片盒筆記」閃亮登場吧。

1.2 卡片盒

一九六〇年代，德國，一個釀酒商的兒子當上了公務員，他叫尼克拉斯‧魯曼（Niklas Luhmann）。他原本念法律，卻選擇去當公僕，因為他想到要和各式各樣的客戶打交道，就覺得不喜歡。他完全瞭解自己其實也不適合當公務員，因為還是常常要跟人往來，所以每天下班後就跑回家去做自己最喜歡的事情：讀書。悠遊於哲學、組織理論、社會學領域中，跟隨著自己多元的興趣探索。

每當他讀到某個優秀的論點，或者對於讀到的東西有什麼想法，他都會做筆記寫下來。現在很多人也會在晚上讀書，追尋自己有興趣的東西，有些人也會做筆記。但很少有人像魯曼因此走出自己的路，成就卓越非凡的生涯。

魯曼跟大家一樣，會在書上旁邊的空白處寫點心得，或者把手寫的筆記按主題分類收集，他把筆記這樣收集起來一陣子之後，醒悟到這樣做筆記沒什麼用處。因此他把做筆記的方式整個改掉，不是把筆記加入已經有的類別或是個別的文本中，而是全部寫在小小的紙張上，在邊角上寫上編號，然後放在同一個地方，也就是卡片盒。

不久之後，他就為這些筆記建構出新的分類方式。他發現，一個想法、一條筆記的價值在於「你把它放置在什麼樣的語境（上下文脈絡）裡面」，未必是因為它的出處而有價值。所以他開始想：如何把一條筆記或一個想法，連結到不同的上下文脈絡，以便替新的文本做出貢獻。如果把自己撰寫的筆記統統放在一處，這樣沒用，僅僅只是一堆筆記而已。但他用卡片盒收集筆記的方式，讓這些筆記發揮了加乘的效果。他的卡片盒成了他的對話夥伴、重要想法的生成器、生產力的引擎。它幫助魯曼架構、發展出新的想法，而且運作起來非常有趣——因為有用。

還有，卡片盒引領魯曼進入了學術領域。有一天，他把自己一些想法彙整成一份稿子，交給德國最具影響力的社會學家：赫爾穆特・謝爾斯基（Helmut Schelsky）。謝爾斯基把稿子帶回家，讀了這位學院門外漢寫的東西後，便聯絡魯曼。他建議魯曼應該要到新成立的畢勒費爾德大學（University of Bielefeld）當社會學教授。這個職位聽起來很有吸引力，也很有名望，但是魯曼並不是社會學家，他甚至連社會學教授助理的資格都沒有。他沒有寫過大學正教授資格論文（這是根據博士論文之後的第二本著作撰寫，而正教授在許多歐洲國家是最高等級的資格）。魯曼從沒拿過博士，甚至連社會學的學位都沒有。大多數人應該會把謝爾斯基的建議當作是一種稱讚，回覆說這是不可能的事，然後繼續過自己的生活。

魯曼卻非如此。他拿出自己的卡片盒，靠著它在不到一年的時間裡，取得了一切需要的資格，並在一九六八年後不久獲聘為畢勒費爾德大學社會學教授，而且在那裡終身任職。

在德國，教授一開始任教時，傳統上都會發表一篇公開的演講，介紹自己的研究計劃，魯曼也被問到關於他的研究計劃。他的回答很經典。他言簡意賅地陳述道：「我的計劃：社會理論。期間：三十年。研究費用：零。」（Luhmann, 1997, 11）。在社會學領域當中，「社會理論」是一切研究計劃的根源。

二十九年又六個月之後，魯曼果真完成了《社會中的社會》（The Society of

Society, 1997）最後一章，總共兩大巨冊，引起學術界一陣騷動。[3] 書中提出了完全嶄新的理論，不僅改變了社會學，還在哲學、教育、政治理論跟心理學領域引發了熱烈討論。但不是所有人都可以跟得上這些討論。他所完成的理論，是超乎尋常的博大精深、與眾不同、極度複雜。每一章都是個別發表，每本著作討論一個社會系統。他寫了關於法律、政治學、經濟、溝通、藝術、教育、認識論，甚至還有愛情。

三十年間，他出了五十八本書，寫過大量的文章，還不包含翻譯的在內，其中許多都成為該領域的經典之作。即使在他死後，還有六本以上的著作以他的名字出版，主題包羅萬象，包括宗教、教育或政治學等，都是依據散落在他辦公室各處近乎完成的手稿出書。在我所認識的同事裡頭，很少有人一輩子的著作量可以跟魯曼死後的產能媲美。

3. 魯曼這個理論的導論在一九八七年以書籍的形式出版，書名是《社會系統》（Social System），書系的的編號為「666」。不瞭解他筆記系統的人或許會不禁認為，他在學術上如此多產，這不會是巧合，只有可能是他跟魔鬼做了什麼交易。（按，按照聖經666是魔鬼的數目字）

看重資歷的教授學者會儘量從一個想法衍生出愈多著作愈好，魯曼卻似乎反其道而行。他不斷產生出想法，多到超過自己能夠寫出來的量。他的書讀起來好像是他想盡可能在一本書中擠進最多的見解跟想法。曾有人問他：人生中覺得欠缺什麼？他的回答非常有名：「如果問我想要什麼，我會說多一點的時間。真正最讓人討厭的是，時間不夠。」（Luhmann, Baecker, and Stanitzek, 1987, 139）儘管有些學者會把吃重的研究交給助理去做，或者有一個團隊負責寫報告，他們只要把自己的名字放上去即可，可是魯曼幾乎沒有用什麼助理。最後一個幫他做事的助理說，他只有幫忙找出稿子中的一些錯別字。真正幫助到魯曼的人是他的管家，因為在週間管家會幫他跟孩子煮飯——這點沒什麼特別的，因為他太太早逝，他得自己照顧三個小孩。不過，一個禮拜五頓熱呼呼的餐食當然不足以解釋他可以寫出將近六十本影響深遠的著作，還有無數的文章。

德國社會學家約翰尼斯・施密特（Johannes F.K. Schmidt）對魯曼的工作流程做過廣泛的研究之後，推斷他之所以如此多產，唯一能夠解釋的原因就是他獨門的工作技巧（Schmidt 2013, 168）。那個技巧從來不是什麼秘密，魯曼一直大方公開自己的工作技巧。他常說，卡片盒是他可以這麼多產的原因。常有人問他，一個人要如何產出這麼多的專門著作，他的標準答案都是：「我當然不是自己一個人想到每一件事。主要都是靠著卡片盒裡頭的東西。」（Luhmann, Baecker, and Stanitzek 1987, 142）。可是很少人仔細研究過這個卡片盒，以及他是怎麼運用的，大部份人只把他的話當成一個天才的謙虛之言。

他這麼多產當然令人欽佩。但是除了作品的數量或高超的內容品質之外，更令人印象深刻的是，他似乎不費吹灰之力便完成了這一切成就。他不僅強調，從來不強迫自己去做不想做的事，甚至還說過：「我只做容易做的事。我只寫我當下知道怎麼進行的東西。[4]如果我有片刻猶豫，我會先擱在旁邊，去做別的事。」（Luhmann et al., 1987, 154f.）

4. https://youtu.be/qRSCKSPMuDc?t=37m30s（所有連結都在takesmartnotes.com）。

很少有人真的相信他所說的。我們還是習慣認為，要非常努力才會有豐碩的成果；我們不太相信「只要小小改變工作習慣，不僅可以使我們提高產能，還可以讓工作變得更有樂趣」這個道理。正因為魯曼從不勉強自己去做不想做的事，所以才有如此高的產能，光是這一點就值得我們深思了。即使是再艱難的工作，只要跟我們真正的目標一致，而且我們覺得情況在掌控之中，那麼我們做起來就會興致勃勃了。

會出問題的地方，都是在於當我們把工作的方式設定得太僵硬而沒有彈性的時候。此時如果情勢有了變化，我們就會被卡住，眼睜睜看著情況朝自己無法控制的方向發展。

要保持掌控感的最好辦法，就是讓自己持續掌控一切。而要持續掌控一切，最好是在撰寫的過程中保有各種選項，不要把自己侷限在最開頭發想的那個想法。因為以寫作的本質而言，特別是以個人見解為主的寫作，常會寫著寫著問題突然改變了，或者我們原本處理的材料變得與當初想像的不一樣，或者有新的想法冒出來，以上種種都會使得我們對於原始計劃的觀點完全改變。此時唯有將工作方式設定得非常有彈性，才能夠不斷做些小小的調整，我們才能維持興趣、動力跟工作三者的協調一致——也唯有如此，我們才能輕鬆工作，或者幾乎不太費力工作。

魯曼之所以能夠專注於眼前重要的事情，能夠將停下來的事情很快又接起來繼續做，還能保持一切都在掌握之中，是因為他的工作系統讓他得以做到。如果我們工作的環境夠有彈性，可以容許我們有自己的工作節奏，我們便不需要在那裡做得很辛苦。針對成就非凡人士所做的研究已一再證實，成功並不是靠著強大意志力跟克服抗拒才達成的結果，而是因為有設計卓越的工作環境，可以在一開頭就避免產生抗拒（請參見 Neal et al. 2012; Painter et al. 2002; Hearn et al. 1998）。與其跟各種不同的力量對抗，高效多產的人會避開阻力，這點很像柔道冠軍。這不只與正確的心態有關，還與正確的工作流程有關。這是魯曼跟他的卡片盒一起工作的方式，他因此得以自由與靈活地在不同的工作項目和思考層次當中不斷切換。這也與正確的工具有關，而且知道怎麼使用這些工具有關——但很少人瞭解我們同時需要工具與工具的使用法這兩者。

到今天人們還在探索魯曼的「秘訣」，把他卓越的成就歸因於他是天才，或甚至覺得只要有他的卡片盒，一切就妥當了。當然，你要夠聰明才能進得了大學，才有機會寫報告，但如果你沒有外部的系統（卡片盒筆記），用來思考和整理自己的想法、看法、收集的資料，或不知道要如何把這個系統融合進入日常的工作流程之中，那你可是處於相當不利的條件下，不是智商高可以彌補得來。

其實並沒有什麼秘訣可言，早在三十幾年前，這秘訣便已經公諸於世了。那為什麼不是每個用了卡片盒的人都輕鬆邁向成功了呢？因為它太複雜嗎？當然不是。它出人意料之外的簡單。原因其實很平凡無奇：

1. 一直到非常近期，才有研究這個卡片盒檔案系統的首批成果發表。在此之前，大家都嚴重誤解了魯曼到底是怎麼工作的，導致許多想模仿魯曼做法的人都對結果很失望。最主要的誤解出在「只把焦點放在卡片盒上，卻忽略如何讓卡片盒融入工作流程並順利運作」。

2. 關於這個系統對外公開的資訊，幾乎都只有德文，因此僅限於一小群社會學家之間在討論，而且這些人還是專門研究魯曼社會系統理論的忠誠份子，所以幾乎沒有群聚效應可言，無法引起太多的注意。

3. 第三、或許最重要的原因是，它非常簡單。大多數人直覺上對於簡單的想法本來就沒有什麼太多期待，想當然爾認為要採用令人驚艷且複雜的方法，才能產出令人驚艷的成果。

二十世紀初期，亨利・福特（Henry Ford）那個年代的人無法理解，為什麼輸送帶這麼簡單的東西會是劃時代的革命性產物。輸送帶讓車子在工人之間移動，而不是工人在車子之間移動，它所帶來的差別是什麼？如果當時有些人認為福特頭腦簡單、過度注重工作組織內部的細微改變，我是一點也不意外。事後諸葛亮都可以看出來，這個小小的改變所帶來的巨大好處。我也在想，還需要多久的時間，魯曼的卡片盒跟工作流程所帶來的益處才能為世人瞭解。

不管原因為何，反正現在都已經講明白了。如果消息開始高速傳出去，我是一點不會訝異的。

1.3 卡片盒筆記系統操作方法

卡片盒，這個系統的核心部分，是怎麼運作的呢？

嚴格來講，魯曼有兩個卡片盒：一個是書目用卡片盒，裡面包含參考資料，還有對於文獻內容的簡單記載；另一個主要卡片盒是用來收集想法跟產生想法，主要是回應他讀過的內容。筆記是寫在索引卡片上，存放在木製盒子中。

每當他讀到某些值得記載的東西，他第一步便會把書目資訊寫在卡片的一面，在另一面寫下裡面內容的簡短筆記（Schmidt 2013, 170）。這些筆記會放進書目的卡片盒裡。

第二步，他會在一段短時間後回頭查看這些筆記，思考它們對於自己的想法和寫作有什麼樣的關聯性。然後就由主要卡片盒登場：他將自己的想法、評論與看法，寫在新的卡片上，每張卡片上只寫一個想法，而且只能寫在一面上，這樣日後查閱時比較方便，不必特別從卡片盒裡拿出來。他通常會儘量寫得精簡，不超過一張卡片的範圍，但有時會在後方加上另一張卡片，將想法延伸。

他在記筆記時，都會想到卡片盒裡那些已經存在的卡片筆記。他的筆記文字都很簡短，但下筆非常謹慎，跟最後定稿的文字風格沒多大不同：用完整句來寫，明確載明資料是從哪裡摘取的。常常，某一張新的卡片筆記會直接連接到另一張卡片筆記後面，然後一張接一張，構成一長串的筆記鏈。然後他會在卡片盒某處的另一張筆記上，加註（和新的卡片筆記相關的）參照資料，而這裡的另一張筆記，有時和前一張卡片很接近，有時卻出現在完全不同的領域跟上下文脈絡裡面；有些是直接相關，讀起來像是評論，有些卻看不出有什麼關聯性。在他的盒子裡，幾乎沒有一條筆記是單獨存在的。

他不是單單把想法或引文從閱讀到的內容照抄下來就算完工了，而是能夠把同一條筆記從一處脈絡轉入到另一處脈絡。這非常像翻譯的工作：要用不同的文字，才能適合不同的脈絡，而且還要盡可能忠於原文的意思。用筆記寫下「某章節裡面，作者辛苦解釋了自己的方法是合理的」，這樣會比引述該章節的任何內文，都更能夠適切地描述這個章節的內容（當然，這需要加以說明）。

魯曼筆記的巧妙之處在於，他並不是按主題整理筆記，而是用非常抽象的方式將它們編號。這些編號沒有什麼特別意義，只是方便可以長期辨識。如果某一個新的筆記跟另一個已經存在的筆記相關，或是直接指涉到那個已經存在的筆記（例如針對已存在筆記的評論、修正或添加），那麼他會把新的筆記直接放在前一個（已經存在的那個）筆記後面。如果已有的筆記編號是22，新的筆記會編號23。如果已經有23號了，那新的筆記就會編號為22a。

透過這種數字跟字母的編號，加上穿插的斜槓跟逗號，魯曼可以隨心所欲將想法擴展出多少個分支都行。舉例來說，某一個關於因果關係和系統理論的筆記編號是21／3d7a7，那前一個筆記編號便是21／3d7a6。

每當他要新增一個筆記時，會先查閱卡片盒，看看裡面是否有相關的筆記，若有的話就把兩者結合起來。結合的方式之一是把新的筆記直接加在現有的筆記後面，另一個方式則是在新舊兩個筆記之間加上個連結，因為兩者的位置可能差很遠。第二種方式有點像是我們在網路上使用超連結的做法，不過還是很不同（後面會說明），而且我們也別誤以為魯曼的卡片盒是一種他個人的紙本維基百科或資料庫，雖然兩者乍看之下有點類似，但還是有微妙的差異，也因此魯曼的筆記系統才會如此獨特。

由於不同的筆記之間都有連結，魯曼才能把同一個筆記連接到不同的上下文脈絡。一般人的筆記系統都是先設定好主題順序，但魯曼是從下往上發展主題，不斷在卡片盒裡加上新的筆記，這樣他只要整理卡片盒內相關筆記之間的連結，就可以找出新的主題。

魯曼這個系統的最後一個要素叫做索引：透過索引，他可以查到一、兩條筆記，這一、兩條筆記的功用是擔任一連串思路或主題的入口點。帶有一連串連結的筆記，當然就會是很棒的入口點。

就是這麼簡單。而且其實更簡單，因為我們現在有了筆記軟體，可以更輕鬆了（請參見稍後）：我們無須像魯曼那樣用手在卡片上面寫編號，或者還要自己裁剪卡片。[5]

現在你知道卡片盒是怎麼回事了，那你唯一要做的，是去瞭解如何利用這套系統來工作。而瞭解這套系統的最好方式是先瞭解我們是如何思考、學習和發展想法。如果要我濃縮總結成一個要點的話，那會是：我們需要一個外部架構來幫助思考，以彌補我們大腦的侷限。首先，讓我來介紹一下怎麼利用卡片盒來寫報告的流程。

5. 在他的卡片背面，除了有手寫的草稿之外，有的還可以看到舊帳單或小孩的塗鴉。

2. 關於寫作，你必須這樣做

想像你寫作的起點不是一張完全空白的紙，而是有幾個熱心的小精靈（或領高薪的個人助理）來幫你準備報告的草稿。這份草稿已經是一個構思完整的論點，包含有一切的參考資料、引文跟一些非常高明的見解。接下來你只要把這份初稿稍加校正（或說修訂）一下，就可以提交了。

當然別誤以為校正就是改改錯字而已，不，還有一些工作要完成。修訂這件事需要高度的專注，某些句子必須重新改寫，某些贅字必須刪掉，可能還要增添一些句子或整個段落，才能補足論述中的漏洞。但修訂這項工作也很明確，所以幾天內便可以做完，當然也不會覺得提不起勁來做，因為終點線已近在咫尺，每個人都會充滿鬥志。到這裡沒問題吧？

接著再想像，假設你不是那位要修訂初稿、把報告完成的人，而是必須準備草稿的那個人。這時如何才能快速把草稿準備好？如果你所需的一切都已經有了（例如：看法、論點、引文、寫好的大段落、完整的書目跟參考資料、章節已經按照前後順序區分好，每章還有敘述清楚的標題等等），那麼做起事來就輕鬆多了。現在這也是一件明確的任務，不必擔心句子寫得不夠完美（後面會有人負責修改），不必擔心又發見新的觀點、有新的想法冒出來（有人已經處理好了），你只要專心把見解一一放入前後連貫的文字中。

當然，如果你希望報告寫得很棒，還是有些重要的工作可以做。你可能會在論述中看見漏掉的一個步驟，必須要填補，或者你會想把一些註解重新編排一下，拿掉你覺得沒那麼相關的部分。不過，再強調一次，這不是那麼累人的工作，而且很幸運的是，不必要做得多完美。到這裡沒問題吧。

「把已經有的筆記整理好」也是另一件可以輕鬆完成的任務，尤其是如果大多數的筆記都已經整理就緒了。信不信由你，透過一個內有一連串討論、一大堆素材跟想法的檔案系統來進行搜尋，這是一件非常有趣的事。這不像從頭構思一個句子或看懂一段很難的文字那樣必須帶著高度的專注才辦得到。你的注意力相對來說是比較放鬆，甚至若能帶著一種有趣、好玩的心態，效率會更佳。唯有當你的注意力沒那麼「窄化」的時候，你才有辦法看出連結跟模式——此時你會清楚看出，哪裡已經累積出了一長串的討論，而這就是一個很好的起始點。就算你是想要找出特定的筆記，你手上也有一個索引可以幫你找。到這裡完全沒問題吧。

說到這，你應該可以明白，你根本不需要小精靈幫你，因為上述每個步驟不但都是你的能力所及，而且清楚明瞭：蒐集筆記、按順序存放、把這些筆記寫成初稿、加以校正修訂。大功告成。

上述一切聽起來都很不錯，但你可能會問：那要怎樣「寫」這些筆記呢？如果主要的內容已經記錄下來了，只需要轉換成一連串的文字敘述，那麼要寫成報告當然不是難事。但這種說法豈不是有點類似「缺錢的話，就從小豬撲滿拿錢來用啊」。若不必管最主要的部分，那麼每個人都可以把事情輕鬆搞定。所以，替我們搞定最重要部份的小精靈到底在哪裡？

或許你會認為「寫筆記」才是真正重要的工作，需要付出極大的努力、時間、耐心跟意志力，而且你很可能在這壓力之下會被壓垮。事實並非如此：寫筆記其實是最簡單的部分，而且還不算是最主要的工作。思考才是。還有閱讀、理解消化，然後產生想法。而這才是這套系統的運作精髓。筆記只是這一切所產生出來的有形成果。你要做的，是不管在做什麼，把筆拿在手上就對了（或者是把手放在鍵盤上）。

筆記是伴隨著主要的工作而產生，只要做得對，便會產生效益。「寫」這個動作，無庸置疑扮演了最佳協助者的角色，它引導我們思考、閱讀、學習、理解、產生自己的想法。寫筆記的同時，你也在思考、閱讀、理解、產生看法，因為如果你想要正確地思考、閱讀、理解、產生看法，必須要把筆拿在手上。如果你想要長時期記住某個東西，你必須寫下來。如果你想要真正理解某個東西，就必須用自己的話轉述下來。在紙面上所產生的思考，等同於你在腦袋裡的思考。

神經科學家尼爾・利維（Neil Levy）在為《牛津神經倫理學手冊》（Oxford

Handbook of Neuroethics）所寫的前言中，總括最近數十年的學術研究，做出這個結論：「紙上的筆記或電腦裡的筆記……並沒有使得當代的物理學或其他必須動腦的工作變得更容易，而是（讓這些需要動腦的工作）成為可能。」雖然神經科學家、心理學家跟其他與心智思考有關的學者，對於我們大腦如何運作有不同的看法，但是，如同利維寫的：「不論大腦內部是怎麼運作，你必須要瞭解，我們頭腦倚賴外部鷹架的程度有多大。」（2011, 270）如果有哪一個觀點是所有專家學者都同意的，那即是：若你必須將腦內的想法具體表達出來的話，那麼就必須寫下來。

理查．費曼（Richard Feynman）跟班傑明．富蘭克林（Benjamin Franklin）都曾強調過這點。如果有寫下來，我們比較有可能看懂自己所讀的內容、記得自己學了什麼，我們的想法也比較合乎邏輯。如果我們不管怎樣都是得寫，那何不把自己寫的東西建立成一個資料庫，日後還有機會可以出版呢？

思考、閱讀、學習、理解、產生想法，是每位學習、做研究或寫作的人主要的工作。如果「寫」這件事可以改善思考、閱讀、學習、理解等，你便會有一股強勁的順風來幫助你往前。如果你學會聰明做筆記，你將會獲得往前進的一大助力。

2.1 寫論文的步驟

1. 隨時記錄「靈感筆記」（fleeting notes）。你必須隨身攜帶書寫的工具，把腦袋裡冒出來的每個想法都記下來。不要太擔心要怎麼寫，或寫在什麼上面。這些都是暫時性的筆記，只是用來提醒自己有過什麼想法。這些暫時的筆記不應該佔用你太多心思。把它們放在一個地方，當做你的存放匣，之後再處理。我通常身上會帶著一個簡單的筆記本，但如果身上沒有東西可以寫下來，寫在餐巾紙或收據上我也很 ok。有時候我會用手機錄下自己的聲音檔。如果你的想法已經分門別類整理過了，而且你有時間，可以省略這個步驟，直接把想法寫下來，當成正式、永久性的筆記，放入卡片盒裡。

2. **紀錄「文獻筆記」**（literature notes）或讀書筆記。每當你讀到什麼，要針對讀到的內容加以筆記。寫下你想要記住的，以及你覺得未來可以用在思考或寫作上的內容。用你自己的話，寫得精簡；要引用原文段落的話，則應先嚴格篩選，不要只是照抄下來，卻沒有真正瞭解你引用（你抄下來）的這段話是在講什麼。把這些筆記跟書目資料一起放在同一個地方，這些就是你的參考資料系統。

3. **紀錄「永久筆記」**（permanent notes）。現在來到了卡片盒的部分。請瀏覽你在第一個或第二個步驟做的筆記（最好每天瀏覽一次，免得你忘了自己寫的意思是什麼），想想看這些筆記可以如何與你研究、思考或有興趣的主題產生連結。你只要翻閱卡片盒裡的筆記，就可以很快完成這個動作，因為卡片盒裡只存放了你有興趣的東西而已。「想法」不要只是拿來收集而已，而是要讓想法發展出見解、論證、論述。你發展出的新見解或論證，跟你（在卡片盒或頭腦裡）已經有的訊息是互相矛盾，還是可以修正、支持、或加入這些既有的訊息裡面？你可以把這些想法結合在一起，產生出新的東西嗎？它們會引發出什麼問題呢？

對於每個想法，都應確實寫下一個筆記，要寫得像是「要給別人看」一樣，也就是使用完整的句子來書寫，載明來源、參考資料，內容儘量要求準確、清楚、簡潔。把在第一個步驟中寫的暫時性筆記扔了，把在第二個步驟中寫的文獻筆記（讀書筆記）歸檔放進參考系統裡，然後就可以把它們全給忘了。因為所有重要的東西，現在都已放進了卡片盒裡。

4. 接下來，把新的永久筆記放入卡片盒裡，做法如下：

a 把新的筆記放在一個或多個相關筆記的後面（如果用的是筆記軟體，你可以把一個筆記放在多個筆記的「後面」；如果你跟魯曼一樣採用紙筆，就必須決定它放在哪裡最恰當，而且還要在其他筆記上頭，用手寫加上連結）。看看哪個筆記跟新的筆記最直接相關，或者，還找不到直接相關的筆記的話，可以放在最後一張的後面。

b 在相關的筆記上面加上連結。

c 確認一下日後你能不能找到這條筆記——或者是從索引連結找到它，或者是在你用來當成某論述或主題入口的另一條筆記上做個連結。

5. 然後試著在這個系統中，透過「由下往上」的方法，發展出你的主題、問題與研究計劃。看看現在擁有的資料是什麼，還缺哪些，以及可以衍生出什麼議題。你可以不斷閱讀更多的東西，來挑戰或強化自己的論點，然後根據學到的新東西，改變或發展你個人的論述。接著做更多的筆記、進一步形成想法，看看這些會把你帶到哪裡。跟著自己的興趣探索，永遠選擇可能找到最好見解的道路走。從自己有的東西開始奠基。

就算此刻你的卡片盒裡還沒有任何東西，你也絕不會是從零開始，因為你在腦中已經有了等待檢視的想法、等待挑戰的看法、要找出答案的問題。你不必為了找主題在那裡想破腦袋，只要回去翻查卡片盒，參考裡面已經連接起來的筆記內容，以及累積出來的那些想法。

如果出現了另一個更有發展性、頗有看頭的想法，也別死抓著原本的想法不放。當你對某個主題愈有興趣，就會去閱讀、思考更多與其相關的東西，也會收集更多的筆記，然後便愈有可能產生出更多的問題。或許這個正是一開始你覺得有興趣的東西，但更有可能的是，你的興趣會改變——而這樣，你的見解就產生了。

6. 過了一陣子，你的想法已經發展得夠多了，便可以決定要寫的主題。此時你的主題是根據你擁有什麼資料來決定，不是根據「未來你要閱讀的文獻資料當中，可能會有的、還不知道在哪裡的想法」。檢視你筆記當中連結的部分，找出跟你要寫的主題相關的筆記（大部份的相關筆記此時都已經呈現出一定的順序了），把它們複製到筆記軟體的大綱上[6]，按順序排好。檢查看看還缺少什麼，以及哪些是多餘的。不必等到所有東西都備齊才開始。而是先用幾個想法試試，也給自己足夠的時間再回頭讀一些資料跟做筆記，將想法、論點與架構加以改善。

7. 將筆記組合為草稿。不要只是把筆記抄下來變成初稿，而是要把它們「轉譯」為某種前後連貫的內容，嵌入你論述中的脈絡，同時從筆記裡建立起你的論點。檢查論述中的漏洞，加以填補，或者改變論點。

8. 修訂與校對稿子。幫自己按個讚，然後展開下一個寫作計劃。

---

6. 或者，如果你是用紙筆書寫的話，就在桌上攤開即可。

以上即是寫研究報告的步驟，假設的狀況是你一次只寫一份報告／文章。但在現實中，你不會只有一個想法在醞釀，而是同時有許多不同階段的想法都在進行。這也正是魯曼這個系統能夠發揮它的真正力量之處。我們都會不由自主在同時間裡想好幾個問題，而且很可能在未來你除了思考，還要寫東西。這些書寫或許不是為了學術目的或公開發表，但肯定對你個人的腦力開發很有幫助。把你一路過來所遇到的東西都收集起來，不要浪費掉任何一個好的想法。可能你現正讀著某本書，因為你希望它對你在書寫的報告有幫助，結果後來證明這本書沒用，但書裡還是可能會有某些有意思的看法值得保存下來，未來可能幫助到某個你還沒想到的其他主題。

實際上，並不是你讀到的每段文字裡面，都剛好會有你正在找的資料，而沒有其他東西——若你早就知道你在讀的這段文字裡有哪些資料，那就沒必要去讀它了。[7] 要知道某段文字是否值得一讀，唯一的方法便是去讀它（即使只是略讀一小部

7. 這個問題即是著名的梅諾的悖論（Mno's paradox）（Plato, Meno 80e, Grube translation）。

份），因此我們不如把時間做最有效的利用。我們為了寫報告而閱讀，過程中我們會不斷遇到有趣的想法，但其中只有一點點對於正在寫的報告有幫助。那我們何必把那些有趣的想法浪費掉呢？不如寫成筆記，放進你的卡片盒裡，讓你的卡片盒更有利用價值。每個新想法都會與現有資料群聚，最後卡片筆記的質與量達到臨界質量（有人用「群聚效應」稱之），這時你蒐集想法的卡片盒，就變成源源不絕的點子產生器了。

通常每個工作日都會碰到以下的步驟（或許不是全部）：閱讀資料、記下來（寫筆記）、在卡片盒裡建立連結、卡片盒裡又激盪出新的想法，然後你再把想法寫下來，加到論述裡面。接著你開始寫報告，發現論述中有漏洞，便再去查閱檔案系統，找尋缺少的連結。你找到了一個註腳，於是再回頭進行研究，於是替你正在進行的某份報告中加上一條恰好適合的引文。

閱讀時要多認真，視你的優先順序而定。如果某些資料對於你手上急著要完成的報告毫無幫助，那當然不必去讀，但閱讀其他資料時你還是會碰到很多別的想法跟訊息。這時可以額外花一點點時間，把它們加進你的系統裡，結果會大大不同，因為偶然遇到的東西，才是大多數我們學到的東西。

假設我們一輩子只學習「別人教我的」或「我計劃要去學習」的東西，那我懷疑搞不好我們連說話都得刻意去學了。依照興趣而學到的每一種資訊，未來都會對我們的理解、思考與寫作有幫助。而通常最棒的想法都是來自我們的預料之外。

大多數人同時都會有好幾條不同的思路，可能專心思考著某個想法一陣子，然後把它拋下好一陣子，直到找到了如何繼續發展的方向為止。所以，如果可以暫時先思考別的事情，過一陣子之後再回到原來的想法上，那便會有所幫助。保持這種彈性有它實際的意義，因為過一陣子重新回到原來想法時，你也不必從零開始。

3. 關於寫作，你需要的一切東西

據說美國太空總署（NASA）曾想要發明一種能在太空中書寫的原子筆。如果你曾把原子筆尖朝上，仰天寫字，就會知道原子筆是因為重力作用讓墨水朝下流出。太空總署做了一堆樣品、測試，花了一大堆錢之後，終於做出完全不受重力影響的原子筆，用壓縮氮的方式把墨水直接壓到紙上。在俄國，太空人也遇到一樣的問題，但他們的答案是鉛筆（De Bono, 1998, 141）。當然這只是故事，但這個故事說明了卡片盒筆記法的精義：專注在必要的事上，避免不必要的複雜。

學術寫作本身並不是一個複雜的過程，不需要很多種複雜的工具，但卻會一直因為不必要的分心而卡住。大多數學生長期以來用過一大堆學習法、筆記法，每種方法看起來都不錯，但最後全都沒用。

結果整個工作流程變得很複雜：這些學習技巧要求大家在重點句下面畫線（有

時還要用不同顏色、形狀的線條）、在頁面空白處寫心得、做摘錄、運用SQ3R[8]或SQ4R[9]等等的閱讀法、寫日誌、針對一個題目腦力激盪，要不然就是依照複雜的提問卷……當然，還有一千多個app跟軟體，據說是可以幫助學習與寫作。

這些技巧本身並沒有特別複雜，但大家在使用它們的時候經常沒有考慮到真正的工作流程，所以很快就亂掉了。這些工具或技法彼此之間沒有真正整合好，所以透過這種方式去工作，情況只會變得格外複雜，也很難把事情做完。

而且如果你碰到一個想法，你覺得可以把它跟另一個想法結合，那麼利用上述的那些技法，你該怎麼做？把所有讀過的書翻一遍，找到當時畫線的句子？把所有

8. SQ3R是Survey, Question, Read, Recite, Review這幾個字的縮寫，由心理學教授法蘭西斯・普里森・羅賓遜（Francis Pleasant Robinson）為二戰時期的美軍所研發的（Robinson, 1978）。

9. SQ4R是Survey, Question, Read, Reflect, Recite, Review這幾個字的縮寫，應該很快就會被SQ5R取代——不管它是哪幾個字的縮寫。

的摘錄跟日誌全部重讀一遍？就算做完了，然後接下來怎麼做？寫一段摘要？要存在哪裡？還有，要怎樣才能有助於創造出新的連結？每個小步驟本身突然間都變成一個單獨的專案計劃，而不是讓整體計劃往前進行。就算再加碼使用另一種看起來很厲害的技法，結果只會讓事情變得更糟。

就是因為這個緣故，所以我們沒有把卡片盒筆記法稱做是一種技巧，它乃是總體工作流程當中的一個關鍵要素，而且它沒有任何會讓人分心的事情，它只專注在重要的事情上。一個好的工具不會在我們已有的東西上面再增加什麼亮點或更多的選項，而是要幫助我們避免分心導致忽略了主要的工作。主要的工作，指的就是思考。卡片盒可以提供一個外部的鷹架來引導思考，幫助我們完成那些大腦不太擅長處理的工作——如實地儲存訊息。

差不多就這樣了。你現在有一個專注的大腦可以好好思考，還有一個可以信賴的筆記系統幫助思考。關於寫作，我們所需要的大概就是這些了。其他的都是廢物。

3.1 工具箱

我們需要以下四種工具：

- 書寫的工具，以及承載我們文字的載體（筆跟紙即可）
- 參考書目管理系統（Zotero, Citavi 或依個人習慣）
- 卡片盒（可用實體的卡片與盒子，也可用軟體）
- 編輯器（Word, LaTex 或依個人習慣）

再多則無用，但也不可能再少。

1. **書寫工具**：你需要一種工具，可以讓你隨時隨地冒出想法時都方便記載。不論你使用什麼工具，使用時都不應該還要先經思考、費神或需要好幾個步驟才能記下來。這個工具可以是一個筆記本、一張紙巾、手機或平板電腦的

app。此時記下的筆記不會永久儲存，很快就會刪除或扔掉。它們只是一種提醒，提醒你有過這個想法，而非是要記載這個想法本身，因為記載想法這件事需要時間，用正確的語句表達出來，還得要確認事實。我建議大家隨身攜帶紙跟筆，這是最簡便的東西。如果你是使用其他工具，請務必最後要把所有記下來的東西放在同一處，類似一個主收件匣之類的，這樣才能很快找到你寫的東西，最好是在一天內可以找著。

2. **參考書目管理系統**。它有兩個目的：收集參考資料及閱讀時做的筆記。我強烈推薦使用像是 Zotero 的免費軟體（書目管理軟體），它可以讓你透過瀏覽器外掛程式建立新的條目（entry），也可以直接輸入 ISBN 或 DOI 碼（digital object identifier，數位物件辨識碼）來建立。Zotero 可以整合到 Word, LibreOffice 等編輯器裡使用，因此你可以直接插入引文，而不需要另外打字輸入。這樣不但更省事，而且以後你增加、校訂或刪除多餘參考書目時，減少出錯的風險。它的格式還可以輕易變更，以便符合你的教授或你想投稿的期刊的要求。你也可以在每個條目裡面增加筆記，不過要是在這個階段你喜歡動手寫，那麼用手寫筆記，然後連接到參考書目，這也沒問題。如果是這種情況，只要在筆記上加上制式化的標題，例如「作者名＋年份」，然後按照字母順序排列，存放在同一個地方。你可以上 zotero.org（Windows, Mac and Linux）免費下載 Zotero。你也可以在 takesmartnotes.com 找到所有推薦的軟體連結。如果你有個人偏好的軟體或有已經在使用的軟體，只要是簡單好用，敬請繼續使用。

3. **卡片盒**。有些人喜歡舊式的紙筆跟放在木頭盒子的方式。沒問題，電腦只是可以加快處理相對來說沒那麼重要的工作，像是增加連結與格式化參考書目。電腦無法加速最主要的核心工作，也就是思考、閱讀跟理解。你所需要的只有明信片大小的紙張（魯曼用的是德國工業標準 DIN A6 尺寸的紙張，14.8x10.5 公分），然後用一個盒子裝起來。儘管手寫有手寫的優點，但是以便利性來說，我還是建議使用數位版本。雖說你還是能夠將卡片盒跟任何可以設定連結與標記的軟體整合起來（像是 Evernote 或 Wiki），但我還是強烈建議使用 Obsidian 或 Roamresearch 這類支援反向連結（back-linking）的筆記軟體、或是專門替這種筆記軟體設計的工具（例如 Zettlr 或 ZKN3）。請參考作者個人網頁的推薦軟體，隨時更新。

4. **最後，編輯器**。如果你是使用 Zotero，我建議使用可以跟 Microsoft Word、OpenOffice、LibreOffice、NeoOffice 相容的編輯器，免得每條參考書目都要打字輸入。這樣可以讓你輕鬆太多了。當然，你的論述還是得靠自己修改，這點沒有任何一個編輯器可以辦到。

如果你手邊已經有紙筆、編輯器、卡片盒、參考書目系統，接下來就可以開始書寫了。

	一般用途	學術用途
書寫工具	手機、電腦	
參考書目管理		Zotero, Citavi, Endnote, Mendeley
卡片盒	Hepta (台灣人開發的軟體), Notion, Obsidian, Roam Research, Logseq, RemNote, Amplenote, Bearnotes, Evernote	ZKN3, Zettlr, The Archive, TiddyWiki, Stroll, org-roam
編輯器	上方介紹的軟體, Word, Scrivener	Latex, OpenOffice, LibreOffice, NeoOffice

軟體工具比較表格（授權／作者 製表／朱騏）

4. 請開始前，記得這幾件事

把上述工具準備好，應該五到十分鐘就可搞定。但是有了正確的工具只是一部份。我們很容易被這些看起來簡單的工具給矇騙了。許多人抱著「試試看」的心態，並沒有真正瞭解要怎麼使用它們，最後就是失望。這一點也不意外。工具好用不好用，取決於你的操作能力。每個人都知道笛子要怎麼吹（朝著一端吹氣，手指按著不同的孔洞），但總不可能只吹了一下，就根據所聽到聲音斷定樂器的好壞。[10]

不過，在使用像是卡片盒這樣的工具時，我們有時候會忘了，操作方式跟工具本身可以發揮的能力是同等重要。使用工具時，如果我們沒有先瞭解如何操作它，那麼即使最好的工具也沒法發揮太大的功能。舉例來說，卡片盒很可能淪落成筆記

10. 請上網搜尋英國喜劇蒙提・派森（Monty Python）的「如何吹奏笛子」（How to Play the Flute）。

的資料庫，或者更糟的：點子墳場（Hollier 2005, 40 on Mallarmé's index cards）。遺憾的是，網路上有些關於魯曼技巧的說明，都是以誤導的方式，將重點只放在卡片盒的技巧上，導致很多人誤解了卡片盒的功能。

不過情況已有所轉變：魯曼的卡片盒現在已是畢勒費爾德大學一項長期研究計劃的標的，而且第一批研究成果已經讓我們對於魯曼到底是怎麼運用卡片盒有了全面的瞭解。你可以上他們的網站[11]查看魯曼的一些筆記，而且不久之後他整體的數位化卡片盒就可以上線了。

再加上近期在心理學領域對於學習、創造力和思考的深入理解，我們也對卡片盒為什麼能發揮效用，有了更充分的認識。這點真的非常重要：我們不但要知道它是怎麼發揮效用、或如何運用它來工作，而且也要知道為什麼。只有此時你才能夠把它稍做調整，以符合自己的需求。

11. 可惜目前上面大都是德文：http://www.uni-bielefeld.de/soz/luhmann-archiv/

而這也是本書的宗旨：提供讀者一切所需要的資源，以現成、最好的技巧，用最可能會成功的方式來工作。只要在心裡謹記幾個基本的原則，加上理解這個檔案系統背後的邏輯，我認為每個人都可以複製魯曼在學習、研究、寫作上獲得成功的秘訣。

四大
基本原則

5. 原則一：寫下來是唯一重要的事

對學生來說，書寫主要發生在考試時。從這個理解出發，那麼書寫代表著一個「先前已經在進行的行動」，亦即學習、瞭解、以批判方式分析其他文本的能力。藉由書寫，學生能證明自己學習的成果，能展現自己有能力進行批判性思考和發展想法。

有一說認為，學生就是在為獨立研究做準備。若從這個思維模式出發，那麼寫報告只是另一個要學習的技能，它跟其他要做的事情不太一樣，也可以說它是要執行的任務之一。學生不僅要學習怎麼寫報告，還要研究正確的資料，要在研討會上論述自己的看法，要仔細聆聽課堂內容。寫報告被視為是一項任務，有開頭，有結束。幾乎所有關於學術寫作的書籍都是從這個假設開始寫起，然後接著敘述一個理想化的過程，有著某些連貫的步驟。

根據上述說法，寫報告的這項任務首先是要有人指派，接下來的挑戰是找到題目或切入某個問題的特定角度，展開研究，收集相關的文獻資料，然後閱讀、消化、最後得出結論。書寫的過程則是：一開始是一個需要被解答的問題，然後概述文獻資料，並加以論述，最後是結論。根據這個思考模式，這是為你進行獨立研究做準備。

唉！其實不是。如果你在研究上有所成就，並不是因為你學會使用上述方式寫作，而是因為你沒有採用上述方式。

本書乃是基於另一個假設：**讀書並不是替學習者預作準備，以便日後可以獨立進行研究。讀書本身就是在獨立研究。**沒有人是從零開始，每個人都能夠自己思考。讀書，如果是以正確方式去讀，即等同於做研究，因為從讀書當中可以獲得事先無法預料得到的見解，而且會跟學術性的社群分享，受到大眾的檢視。學術圈裡沒有私有知識可言。把一個看法偷偷藏起來，那幾乎等於沒有一樣。一項事實如果不能讓人重現（reproduce）出來，那便根本不是事實。把某個東西公開，永遠都意味著要把它寫出來，被大家閱讀。沒被寫出來的東西根本不可能流傳下來。

學校則不一樣。學生大多沒辦法按照自己的方式學習，沒辦法去質疑跟探究老師教的每一件事；如果發現某個東西看起來無法激發出有趣的看法，也不太可能隨便就改換另一個題目。老師是在學校裡幫助學生學習。但是，如同威廉·馮·洪堡德（Wilhelm von Humboldt，柏林洪堡大學創辦者，也是偉大的探險家亞歷山大·馮·洪堡德的哥哥）曾說過的，教授不是為了學生而存在，學生也不是為了教授而存在；兩者的存在僅是因為真理，而真理永遠都是公開透明的。在大學裡的每件事情都是以某種形式的發表為目標。一篇文章未必得被國際期刊接受才算是公開發表。實際上，若以「發表」這種狹隘的定義來看，大多數的文章跟討論內容都不算是發表過。文章審查過程本身即是一種公開向同儕發表看法的形式，因此學生交給教授或講師的所有東西亦然。

甚至跟同學討論口頭報告的提綱，也是某種公開發表的文字內容，因為在討論過程中，作者想講的意思已不再重要，重要的是寫下來的東西。現場可以沒有作者，但作者的文章內容已是一種對真理的公開聲明。不論作者是誰，不論發表者的地位為何，一個論述有沒有說服力的評斷標準永遠都是一樣的：必須是前後一致，且以事實為依據。真理不屬於任何人，它乃是把寫出來的見解，以科學方式交流的結果。這是為什麼公開發表與知識的產生不能切割，而且還是一體的兩面（Peters and Schäfer 2006, 9）。如果寫作是研究的媒介，讀書又等同於研究，那麼我們就必須把寫作視為最重要的事。

全力專注在寫作上，並不意味著要花比較多的時間去書寫，犧牲了其他的事。如果我們把工作區分為各個不同、彼此獨立的項目，那麼「專注於寫作上」就會減縮了我們花在其他工作項目上的時間。專注於寫作上也不是指我們減少閱讀的份量，因為閱讀才是寫作素材的最重要來源。專注於寫作上更不是指減少參加講座或研討會的次數，因為這些活動可以提供我們寫作的想法和值得探究的問題。參加講座也是瞭解目前研究狀況的最佳方式之一，更別提能夠在現場提問和討論。還有，專注於寫作上並不是說要放棄公開發表或者用其他方式將自己的想法公諸於世。不然，你的見解還可以從哪裡得到反饋？

專注於寫作上、把寫作視為是最重要的事情，當然也不是要你把其他事情隨便做做就好，但肯定是讓你以不同的方式來做其他事情。當你參加一個講座、專題討論、研討會，因為有明確具體的目標，所以你會較為投入、專注，你不會浪費時間在現場懷疑自己到底應該要學到什麼東西，反而會盡可能有效率地學習，因此在真正值得探討的問題出現時，你很快能夠掌握住，彷彿這些是唯一值得重視的問題。你很快便能學會區別「看似不錯」跟「真正優質」的論點，因為每當你試著把它們記下來，還有跟之前學到的東西連接起來的時候，你會需要好好將它們思考得透徹。

專注於寫作上，也會改變你閱讀的方式：你會更專注在最相關的領域上，因為你知道無法把所有東西都記下來。你會投入更多心力在閱讀上，因為如果你沒有讀懂內容，是無法用自己的話來重新改述的。在這麼做的時候，你會闡釋其含意，使你更有可能牢牢記住。你還得對於讀到的東西更進一步思考，因為你必須把它們轉換成新的東西。

還有，當你有明確的寫作目標，不管做什麼，你都會去做自己刻意要做的事情。刻意練習是唯一真正讓我們可以更精進自己的方法（參見Anders Ericsson, 2008）。如果你改變了你對「寫作的重要」這件事的看法，那你也會改變對於其他事情的想法。縱使你決定永遠都不要寫出一行字，你還是能夠提升自己閱讀、思考、還有其他腦力的技能，只要做任何事情的時候，都把寫作視為最重要的事。

6. 原則二：簡單最重要

我們常以為，巨大的轉變來自於偉大的想法。但大多數時候，簡單的想法才更有力量（因此常常在開始時會被忽略）。例如，箱子是一種很簡單的東西。有個名叫馬爾康・麥克連（Malcom McLean）的卡車司機，常常在港邊擁擠的高速公路上遇到塞車，有一天他突然想到一個很簡單的點子，想解決塞車。他自己也沒有料到，這個想法把世界帶到了一個新的方向，而且重塑了政治形勢，讓某些國家一躍而上，某些國家轉而落後，使百年來的行業沒落，讓新的產業誕生，而且全世界幾乎無人不受到影響。

當然，我說的這個裝運貨櫃，基本上就只是一個箱子。一九五六年四月廿六日，麥克連把一艘油輪改裝成能載運五十八個貨櫃的船隻啟航，單純只是因為用船隻運送貨櫃，會比用船隻運送整輛卡車，來得更合理，而且這樣也才不會讓貨物塞在車陣裡好幾天。他顯然不是想要翻轉全世界的貿易，讓亞洲成為下一個經濟強權。他只是不想再卡在車陣中而已。

沒有人會預測得到，像箱子這麼單純的東西會帶來這麼大的影響。而且，當時大多數船東其實都覺得，把不同種類的貨物放進一樣大小的箱子，這個想法還真的是難以理解。經驗老到的碼頭裝卸工人都知道怎樣安排放置貨物，才能善用船上的空間，而且每種貨物都有自己完好的包裝。既然如此，幹嘛要改用看起來沒那麼理想的解決方式、裝進箱子裡呢？而且怎麼會有人想把四方體的箱子塞進有弧度的船身內呢？船東也沒有那麼多客戶會想要運送剛好可以塞滿一個貨櫃的總量，結果要嘛讓客戶不高興，要嘛是貨櫃有一半還空著，或者就是得塞滿不同客戶的貨物，那意味著你到港之後要拆開貨櫃，然後再重新組裝，理清不同的訂單。這在有經驗的托運業者聽來很沒效率。而且之後還是有箱子的問題：一旦從船上卸下、由卡車派送出去，你還是得想個辦法把這些箱子拿回來。麥克連便曾經因為這樣損失幾百個貨櫃。那簡直是物流的夢魘。

還有，順帶一提：麥克連不是唯一想到在船上使用貨櫃這個點子的人。很多人也都有嘗試過，可是大多數都放棄了這想個法，不是因為他們太固執，無法接受超讚的點子，而是因為他們為了這個點子損失了太多的錢（Levinson, 2006, 45f）。這個點子很簡單，卻不容易有效率地執行。

事後諸葛都知道他們為什麼會失敗：船東只是想把貨櫃跟他們既有的工作方式結合起來，卻沒有改變基礎架構跟工作習慣。他們認為，只要簡單地把貨櫃放到船上即可以獲利，卻沒有捨棄自己過去習慣的模式。這種認知，源自於過去的運作方式：船東看著原本已成堆成箱的貨物，心想為什麼還要把它們再一次裝進另一個箱子裡。原本他們只要抵達港口把貨物卸下來，然後趕緊把船開走，這樣就好了，但現在為何還要把貨櫃給追回來呢？他們只會看著自己的船，想著要怎樣把貨櫃塞進船上。

不過麥克連比其他人都明白，重要的不是船東在想什麼，而是整個運輸貿易的終極目的：把貨物從製造商送到最後的終點站。只有將運送鏈的各個單一部份都統整起來，從包裝到運送，從船隻的設計到港口的設計，才能真正發揮貨櫃的潛在優勢。

等到貨櫃的優勢顯現，更深一層的效用就會開始發揮，展開一個愈來愈強的正向迴路。當愈多港口可以處理貨櫃，就會需要更多的貨櫃船，這便讓運送費用更便宜，進而擴大值得運送貨物的範圍，如此一來，船運變得更繁忙，讓更大的貨櫃船更具經濟效益，因此對於基礎設施有更大的需求……等等。這不僅是運送貨物的另一種方式而已，而是一種做生意的全新方式。

很多學生與學術界的作者碰到做筆記時，思考方式就像那些早期的船東。他們用自己當下覺得合理的方式，去處理自己的想法跟研究成果：讀到一個有意思的句子，劃成重點；如果有心得，便寫在旁邊空白處；如果有想到什麼，就寫在筆記本裡；而如果有一篇文章似乎很重要，就努力想辦法摘記下來。

用這種方法工作的話，你手上會出現一大堆不同的筆記，放在不同的地方。然後，等到要寫作時意味著你必須全面仰賴頭腦的記憶力：記住什麼時候、在哪裡做了什麼筆記。然後再根據這些筆記內容，另外構思出一篇文章或論文，這說明了為何很多人會根據自己先構思出的文章想法，再看著筆記資源開始腦力激盪，想想要如何安排後面的這些資源。

以上就是大家被教導的工作流程。在這樣的文本基礎架構下，確實沒道理要把筆記重寫一遍，然後放進卡片盒裡。只需要在日後動筆開始寫作跟思考的時候，若想到某一條引文跟參考書目，才把筆記拿出來看。

在舊的系統中，你碰到的問題會是：我要把這條筆記放在哪個題目下面？在新的系統中，問題則是：我想要在哪個脈絡中再次看到它？大部分學生是按題目，或甚至按研討會跟學期來分類資料。從寫作者的角度來看，這很合理，就像你會按照購買的日期跟商店去找尋你出門買回來的東西。找不到你的褲子嗎？或許它們跟你同一天在百貨公司買的漂白水放在一起。

卡片盒筆記法就是學術世界裡的運輸貨櫃。與其把各個不同的想法以不同的方式存放，我們反而是把一切都放入同一個卡片盒，並且用相同的格式加以統一規格化。與其著眼於那些不上不下的步驟，與其想著要把劃重點、閱讀技巧或摘錄文字弄成一種專門的技術，**卡片盒筆記法反而是將一切都有效率地精簡為一件事而已：可以公開發表的獨到見解**。

相較於由上而下、用主題來分類的儲存系統，卡片盒最大的優勢是，當裡頭的東西愈多，它就會變得愈來愈有價值，而不是亂七八糟，雜亂無章。如果你是用主題來分類，便會面臨到一個困境：要嘛關於某一個主題的筆記愈來愈多，結果愈來愈難找，要嘛是增加愈來愈多的主題跟子題，但這樣只會把混亂轉移到另一個層面。主題分類系統是用來讓你做刻意的搜尋，把所有的責任都由頭腦來承擔。**卡片盒系統則是用來將你已經忘記的想法呈現在你眼前，讓頭腦專注在思考上面，而不是記憶**。

卡片盒是一種由下而上的系統，雖然不會面臨太多或太少主題的難題，但如果是恣意亂增加筆記，也會減損其價值。只有把目標放在「群聚效應」的最佳關鍵點

（按，參見2.1〈寫論文的步驟〉），此時你仰賴的不僅是筆記的數量，還有筆記的品質與應用的方式，卡片盒才能發揮真正的力量。

要達到群聚效應的最佳關鍵點，最重要的是要清楚區分以下三種筆記：

1. 靈感筆記，這些筆記只是一種提醒，用什麼方式寫都可以，而且過一兩天就會扔掉。
2. 永久筆記，這些筆記內有必要的訊息，不論經過多久時間都還是可以理解，因此永永遠遠都不會被捨棄。
3. 專案筆記，這些筆記只跟某個特定的專案計劃有關。它們是保存在特定專案項目的檔案裡，在專案結束後會被捨棄或存檔。

只有將這三種類型的筆記分開保存，才有可能讓卡片盒裡累積的想法達到群聚效應。若你苦無東西可寫，無法發表著作，其中一個主因就是把這三種類型的筆記混淆了。

一個常犯的錯誤是，很多勤奮的學生乖乖記筆記，不敢稍有遺漏。我朋友總是隨身攜帶筆記本，努力記下任何自己無意間冒出的想法、偶然碰到的有趣發現或引文。與人交談時，他常快速寫下一些筆記。這樣做的優點是「沒有想法會被遺漏」，但缺點則很嚴重：他把所有筆記都視為「永久筆記」的類型，使得這些筆記永遠無法因為群聚效應而達到臨界質量。那些優質的筆記會被其他筆記稀釋，變得無關緊要，而其他筆記只跟某個特定的專案計劃有關，或者下次審視時覺得其實沒那麼好。最重要的是，嚴格地按照時間順序編排，從「產出」的層面來看，基本上是無助於發現、連接或重新安排想法。因此我朋友有一整個書櫃都是筆記本，裡頭記載了各種奇妙的想法，但沒有任何一項著作公開發表。其實一點也不意外。

第二個常犯的錯誤是只收集跟特定專案計劃相關的筆記。乍聽之下，這好像很合理：你決定好要寫什麼，然後去收集一切可以幫助你達成目標的資料。缺點是你必須根據每個專案計劃從頭開始，而且你發現的有趣想法都無法延續，換句話說，你在某個專案計劃期間發現、思考、遇到的一切都會喪失。

為了避免上述缺點，若每當你看到某個不錯的、未來可能成案的新專案，就開個資料匣開始存資料，那麼不久之後你就會有一大堆根本負荷不了的未完成計劃。這樣還不夠累嗎？那就試試看去追蹤這些未完成計劃的進度吧。不過最重要的是，如果沒有永久性的想法儲藏庫，你就要間隔很久才能發展出任何重要的見解，因為你卡在當下那個單一的專案計劃裡，要不然便是你會受限於你大腦的記憶力有多強。要產生不同凡響的看法，需要的條件絕對超過上述這些。

第三個常見的錯誤自然就是把所有筆記都當成是臨時性的靈感筆記。要辨識出這種錯誤很簡單，只要看到一大堆混亂的資料那就是了，要不然就是資料漸漸愈堆愈多，然後一時衝動來個大整理，然後重複上述循環。若只把未經處理過的靈感筆記收集起來的話，最後一定帶來混亂。即使是一小部分沒什麼相關、含糊的筆記佔據了你的書桌，很快地也會讓你受不了，想要從頭開始。

這些分類混淆的筆記方式有一個共通點，便是筆記帶來的優勢，會隨著你不斷增加的筆記數量而遞減。筆記愈多，就愈難找到真正要用到的筆記，而且一般人不太會很認真地把相關的筆記集中在一起。

其實整個情況應該反過來才對：當你學到的、收集到的資料愈多，你的筆記應該變得更有助益，有更多的想法結合起來，產生新的想法，因此不必花太大力氣，就能更容易寫出有內容的東西。

請好好思考這些不同類型筆記的目的，這件事很重要。暫時性的靈感筆記是你在忙其他事情時，為了要很快記下想法才存在。當你在跟人交談、參加講座、聽到什麼有價值的內容，或者你出門辦事時突然有一個想法出現，迅速記下來才是最佳良策，因為這樣便不會打斷你正在做的事。

這種靈感筆記法也可以應用到閱讀上：當你專注在瞭解某個內容而又不想被打斷，此時可以把某些句子劃起來，或者在旁邊寫些簡短的心得。不過，重點是，把句子劃重點或在旁邊寫寫心得，也不過是一種臨時性的筆記，跟闡釋文本沒有什麼關係。不久以後，你寫的這些東西就會變得毫無用處，除非你能將它們再加利用。

如果你已經知道自己不會回頭再檢視這些靈感筆記，那不如一開始就不必寫這類筆記。反而應該是要做出適當的筆記類型。靈感筆記只有在以下情況才能發揮用處：記下之後，一、兩天之內就回頭檢視，把它們歸類成以後會用到的合適筆記類型。如果是臨時性的文獻筆記，在你想要更進一步瞭解或掌握某個看法時，還可以派得上用場，卻無法在後面的撰寫階段幫助你，因為當你想發展某個論點、需要某個劃了重點的句子時，它不會自動出現在你眼前。這類筆記只是提醒你曾有過什麼想法，但你還沒有時間好好闡述。

相形之下，永久筆記則是就算你已經忘記自己是從哪個上下文脈絡擷取出來的，但你還是能理解裡頭在寫什麼。

大多數的想法無法經過時間的考驗，少數想法或許有可能成為重要專案的種子。遺憾的是，我們無法立刻區分出來。這就是為什麼把想法寫下來的門檻要盡可能設低一些，而且同樣重要的是要在一兩天之內加以闡釋。

想知道某個筆記是不是被擱置了太久沒有處理，有一個很好的指標判斷：你已經看不懂自己在寫什麼，或者看起來很無趣。如果是已經看不懂了，代表你早就忘了這個筆記想要提醒你的想法；如果是覺得無趣，那麼你就是忘了賦予其意義的上下文脈絡了。

在魯曼的筆記系統裡，能夠永久存在的只有以下兩種：參考書目系統裡的文獻筆記，以及卡片盒裡的主要筆記。前者寫得非常簡短，因為上下文脈絡很清楚就是它們指涉的文本。後者則需要較為審慎地撰寫，也需要比較多細節，因為它們本身必須要非常清楚，不需要多做解釋。

魯曼閱讀時從不劃重點，也不在書頁空白處寫心得。他只是把自己讀到覺得有趣的看法，在另一張紙上做簡短的筆記：「我會把參考書目的細節記下來，背面會寫上『第X頁是——，第X頁是——』，然後就放入書目的卡片盒，我把所有讀到的東西都放進去那裡。」（Hagen, 1997）[12] 但是在存檔之前，他會在當天結束前再次閱讀自己寫了什麼筆記，想想跟他在思考和撰寫的東西是否有關聯性，然後把永久筆記放入主要的卡片盒裡。在這個卡片盒中，沒有任何東西會被扔掉。有些筆記也許默默消失，再也不會引起他的注意，而有些則可能成為連接點，通往各式各樣的思考線路，經常重新出現在各種不同的脈絡中。

由於無法預測卡片盒裡的資料會怎麼發展，所以也別擔心卡片盒裡筆記的命

12. 引述魯曼的話時，若還沒有既有的英文譯文版本，皆是由本書作者加以翻譯為英文。

運。相較於靈感筆記，卡片盒中每個永久筆記都經過充分的闡釋，未來都有可能成為撰寫內容的一部分，或成為靈感來源，但這些無法預先決定，因為它們的關聯性端視作者未來會怎麼思考跟發展。這些筆記不再只是一種提醒，提示著曾經有過的想法或見解，乃是以文字形式記下來真正的想法或見解。這才是真正重要的差別。

正因為有統一的格式，所以這些筆記才能夠建立起群聚效應。而統一格式也是促發思考跟寫作的關鍵所在，因為規格混亂、到處存放的筆記，會產生不必要的複雜狀況或決定。每條筆記都是相同的格式，放在相同的地方，因此它們日後才能組合並銜接，成為某個新的東西，而且沒有一個想法會因為不知放哪裡或標記在哪裡而被捨棄。

至於最後一種類型的筆記，也就是只跟特定計劃案有關的專案筆記，是存放在特定專案的資料檔案中，跟其他與此專案案相關的筆記放在一起。這些筆記要有什麼樣子的格式不太重要，因為案子結束後它們即會被丟掉（或者歸檔——猶豫不決的話就放這兒）。

與特定專案相關的筆記會是：

・稿子上的評述與註記
・與特定專案相關的文獻資料收集
・大綱
・提醒
・待辦事宜清單
・當然還有初稿本身。

大部份的卡片盒軟體（Zettelkasten）有內建特定專案桌面的功能。在這裡你不但可以組織自己的想法，構思初稿的章節，還可以收集與分類特定專案的筆記，而不用擔心它們會湮沒或與卡片盒本身有抵觸。你甚至可以根據自己的專案而變更筆記，同時不會影響到卡片盒裡的筆記。

這同樣可以應用到參考書目系統。在 Zotero 軟體裡，你可以在特定計劃的檔案夾裡收集文獻資料，不必還要把它們從參考書目系統裡抓出來。這都是要把永久筆記與專案筆記清楚地區分開來，讓你在每個專案計劃的範圍內，愛怎樣實驗與修改都可以，而不會干預真正的卡片盒。我建議，用資料夾將每個專案所有手寫的筆記跟印出來的資料單獨整理起來，然後放在同一個地方。

當你在一天結束的夜晚，闔起目前正在進行的專案檔案夾，桌上只剩紙跟筆時，你就知道自己已經清楚區分了暫時性的靈感筆記、永久筆記、專案筆記。

7. 原則三：沒有人是從零開始

空白的紙，或者今天空白的電腦螢幕，是一種根本的誤解。（Nassehi 2015, 185）

大家都誤解了寫作的過程。如果你從書架隨機拿出一本研究指南或關於寫作的工具型書籍，快速瀏覽前面的幾頁，很可能你會讀到類似這種句子：「為了讓研究更有效率，第一步應該是先縮小你選擇要關注的面向，同時也得想出清楚明確的問題，然後用你的研究與分析來回答。」[13] 通常，決定題目絕對都是第一個步驟，接下來便是其他別的，例如像以下這本指南裡所說的：「選好一個適合的題目、考慮到

13. Guide to Academic Writing, English and American Studies, University of Bayreuth.

自己的興趣所在與可能具備的必要背景知識，接著就要評估可以掌握的資源。」[14] 然後你肯定會看到一個內有複雜步驟的計劃，於是覺得自己應該按照計劃實施：如果是十二個步驟，那應該是根據澳洲國立大學學術技能與學習中心（Academic Skills & Learning Centre of the Australian National University）的版本；若是八個步驟，則是威斯康辛大學寫作中心（Writing Center of the University of Wisconsin）的建議。不管哪一個版本，大致的順序都一樣：先決定要寫什麼、規劃如何做研究、進行研究、寫出來。

有趣的是，這些教學指南都沒提到一點：這只是理想性的規劃，而實際應用上很少會真的按照步驟來。的確如此。寫作不會遵循線性的發展。因為問題很明顯：如果寫作可以線性發展，幹嘛不依照現實來制訂行動方案呢？

14. Writing and Style Guide for University Papers and Assignments, First version prepared by François-Pierre Gingras (1998), School of Political Studies, Faculty of Social Sciences, University of Ottawa.

為了要想出一個好主題來寫，或者為了指派的作業要找到一個最好的角度切入，你一定已經對某個主題思索過了一番。為了要決定寫什麼題目，你也一定讀了很多東西，而且閱讀範圍絕對不限於那個主題。還有，決定要讀、不讀哪些東西，很明顯是基於你先前的瞭解，而那也不是憑空產生的。每一次的動腦都是從已經存在的「先入之見」開始的，然後當你進一步探究時，先入之見會產生轉變，成為接下來運用腦力的起始點。基本上這即是德國哲學家漢斯—格奧爾格・伽達默爾（Hans-Georg Gadamer）所謂的「詮釋循環」（hermeneutic circle，Gadamer 2004）。

雖然現在各大學都有教導詮釋循環，可是在教寫作的時候，卻還是循著「從零開始寫，而且用線性方式進行」的舊思維，彷彿一個好的問題會憑空出現，只要讀讀資料，把文獻研究完成即可。因此，「在開始寫之前先決定好要寫的題目」這個建議看起來很實際、聽起來很務實，其實是廢話，要不然就是誤導——如果這個建議的意思是「你在寫之前應該要先思考」，那麼這是廢話；如果是說「你埋首研究手邊的主題（也包括寫東西）之前，要先擬好一個不錯的寫作計劃」，那就是誤導。因為這一切事情都是同時發生的：我們必須手裡拿著筆、先讀資料，接下來在紙上發展出想法，然後建立起不斷增長、具體化的想法資料庫。我們寫作時不可能是從自己那不太可靠的頭腦裡抓取資料，盲目擬定計劃，然後依據這種計劃行動；我們的計劃是由興趣、好奇心、直覺所引導的（這些是透過實際的閱讀、思考、討論、書寫、發展想法所形成與得知，而且也會不斷增長，反映出我們外在的知識與理解）。

只要專注在自己有興趣的領域，持續將自己動腦思考的過程記錄下來，那麼主題、問題和論述不需要費力，自然會從素材中浮現。這不但意味著找題目或尋找研究的問題變得比較容易，再也不必直接從沒什麼想法的腦袋裡擠出東西來，而且從卡片盒裡出現的每個問題都將自然而然、輕鬆地伴隨著我們在研究的東西產生。只要查看自己的卡片盒裡，哪個部分已經累積成群了，我們不僅會看到可能可以寫的主題，而且這些主題還是我們已經研究過了（雖說在一開頭我們還看不出來）。

這樣說起來，「沒有人是從零開始」的這個看法，突然間就變得一點也沒錯。如果我們把這個看法當真，而且根據它來進行，那麼我們確實再也不需要從零開始了。

當然，就算有人相信自己是從零開始，其實也不是真的從零開始，因為他們也只能從自己以前學習過或讀到的內容中汲取想法。不過他們不知道自己是從過去所學汲取想法，所以無法追溯出自己想法的根源，手邊既沒有可以支持論點的材料，也沒有已經按順序整理的參考出處。而且因為他們並沒有把先前的研究記錄下來，所以必須從全新的東西開始（這樣有風險），不然就是再回頭檢視自己曾有過的想法（這樣很無趣）。

由於沒什麼人在教授或討論正確的筆記方法，難怪幾乎所有的寫作指南都建議讀者從「腦力激盪」開始。如果你一路下來都沒有寫出什麼好筆記，那真的只能倚靠頭腦了。問題是大腦既不客觀，也不可靠，但「客觀、可靠」在學術或非虛構類寫作上卻是高度重要。而把「腦力激盪」提升為寫作的起始點，這樣更是更叫人吃驚，因為大多數想法的來源不是腦力激盪：你透過腦力激盪想要在腦袋裡找到的東西，多半都不是源自那裡的想法。相反的，它們是從外部而來的：是經過閱讀、傾聽別人怎麼說、跟其他人討論、透過可能伴隨而來的一切東西，而且常常甚至是經由寫作加以改進。「在寫之前先想好要寫什麼」這個建議，不但是過早，而且也太遲。太遲是因為當你面對著空白紙張或空白螢幕時，你已經錯過了可以累積寫作資源的機會；過早則是如果你想決定好要書寫的主題，再安排與內容相關的研究工作，這時「先想好題目」又太早了。

如果某件事情同時具備太早與太遲的矛盾特性，那就無法透過重新調整順序來做修正，因為這個想像出來的線性進程本身即有矛盾的問題。卡片盒筆記法便是為了要打破這種線性順序而誕生的。但如果你已經能夠根據「寫作不是線性發展，而是循環的過程」這個事實來建構起自己的工作流程，那麼原本「找不到題目來寫」這個問題，就會變成「有太多題目不知該寫哪一個」。找不到適合的主題來寫，意味著我們過度倚賴有限的頭腦。從另一方面來看，如果你是一邊寫一邊發展想法，開放性的問題便會清楚顯現，讓你有大量可能值得發揮的題目，可以在寫作中進一步闡釋。

我教學多年發現，這些學習指南聲稱自己可以解決問題，於是把寫作這種非線性的發展過程擠壓成一種線性的流程，結果反而給學生帶來問題與挫折。如果你相信自己必須先決定題目，才開始做研究、讀完資料與瞭解內容，那當然會覺得「找到題目」太難了。如果你手邊真的沒有什麼可以寫的東西，那麼面對空白的頁面時，壓力當然很大。如果你發現自己卡在之前盲目決定的題目裡，但眼看交稿期限將至只能硬撐，那麼誰又能責怪你在那裡拖拖拉拉呢？而且，從沒人教導學生如何把幾個月與幾年內讀到的、討論的、還有研究的，轉化成他們真正可以用的材料，難怪他們會覺得要交的報告實在難以負荷。

這些學習指南忽略了在寫報告之前必須做的事情，情況有點類似理財專家在討論六十五歲的人要如何為了退休儲蓄。所以，你還是別期望太多吧（這正是德國最暢銷的學習指南所建議的：首先降低你對於品質與見解的期望）。[15]

不過那些已經培養出一邊寫筆記一邊思考的人，便能夠專注在當下有興趣的內容上面，然後只要持續研究自己感興趣的主題，就可以累積出實質具體的素材。這些素材是圍繞著他們最常回想的問題所累積起來的，所以不太可能會脫離自己的興趣太遠。如果一開頭選的主題後來變得沒那麼有趣，你還是可以繼續進行，不過你做的筆記會開始圍繞著其他的主題累積。或許你甚至可以寫下為什麼第一個題目變得沒那麼吸引你的原因，然後把這原因轉換成一種珍貴的見解，值得公開發表。

當最後到了真正決定要寫什麼主題的時刻，其實你早已經做好了決定，因為你在整個過程中的每一步，每天一而再再而三都在做確認，並且逐漸修正。與其把時間花在擔心找不到適合的題目來寫，不如把時間用在好好去瞭解自己已經感興趣的主題，並且為了正確決定要寫哪個題目而好好去閱讀、思考、寫筆記，做這些該做的事。

15. 當然還有講到「面對空白頁的恐懼」（Kruse 2005）。

只要能做到這些，你便能夠確信，自己有興趣的問題終究會出現。你或許不知道要做到哪裡（也不需要知道），但至少不需要強迫自己要朝預設的方向發展。這樣一來，你等於同時降低了兩種風險：一種是對於先前在不甚瞭解的狀況下所選的題目失去興趣，另一種是必須要全部從頭來過。

雖然學術寫作不是線性進行，但是也不代表要採取「怎樣都有可能」的方式。相反的，一個清楚、值得信賴的架構才是最重要的。

8. 原則四：讓工作帶領你往前

你可能還記得以前化學課學到的放能反應與吸能反應之間的差異。一個是你必須要一直加入能量，才可以持續產生反應過程。另一個則是反應一旦被啟動，會自己持續產生，甚至還會釋放出能量。

工作的動力變化也類似這樣。有時候我們覺得手上的工作一直耗費自己的精神，唯有不斷添加能量，我們才能繼續做下去。有時候卻是相反：一旦進入工作的流程，工作彷彿自己獲得了動能，拉著我們往前，有時候甚至幫我們補血。這便是我們所期盼的動能。

好的工作流程能夠輕易轉變為一種正向的循環：正向的經驗激勵我們放輕鬆地去做接下來的任務，因此幫助我們在所做的事情上表現得更好，然後回過頭來，我們更有可能樂在工作中。如果我們一直覺得工作不順，便會失去動力，傾向拖延，使我們的正向經驗變得更少，甚至出現很糟的經驗，例如錯過最後期限。最後可能會陷入失敗的惡性循環當中（請參考 Fishbach, Eyal and Finkelstein, 2010）。

想要透過外在的獎賞（完成一章就可以做件自己喜歡的事）來誘使我們工作，這只是短期的解決辦法，不可能建立起一種正向的反饋循環。這些都是非常脆弱的激勵機制。唯有當工作本身就能提供回饋，此時促進激勵和獎勵作用的動能才能靠自身持續下去，推動整個過程往前進行（DePasque and Tricomi, 2015）。

偉大的運動健身教練蜜雪兒・西格（Michelle Segar）就是運用了這種動力學，將頑固的懶惰蟲轉變成運動愛好者（Segar, 2015）。很多人不喜歡運動，但又知道自己該運動，而西格只做了一件事，就讓他們動起來：創造出令人感到滿足、會一直想重複的運動經驗。不管她的學員是跑步、走路、團隊運動、上健身房，或者騎腳踏車上班都沒關係，最重要的是他們在這些事上發現到某種東西，能夠讓自己擁有美好的經驗，使得他們會想要一再重複。學員們一旦有了這種體驗，便會覺得受到鼓勵，也會想繼續做更多嘗試。他們因此進入了正向的循環，再也不需要什麼意志力，因為他們變得很喜歡運動。

如果是透過獎賞的方式來鼓勵運動，例如運動後可以輕鬆的躺在沙發上看電視，那過不了多久，這些人就會直接躺在沙發上，完全不去上健身房了，因為這就是人性。

反饋循環不但對於產生激勵很重要，也是任何學習過程的關鍵。最能激勵我們的事，就是體驗到自己愈做愈棒。而把某件事情做得更好的關鍵，就是即時獲得具體的回饋。想要學習或者成長的人，擁有的最大特質就是尋求回饋、不會逃避（成長這個詞是借用心理學家卡蘿·杜維克 Carol Dweck 的說法）。杜維克證明了，最能夠準確判斷未來長久成功的因素，便是擁有「成長型心態」。積極尋求並歡迎各種反饋，不論正面還是負面，是長期獲得成功（還有快樂）的一個最重要因素。

反過來看，對個人成長阻礙最大的，就是擁有「固定型心態」。害怕、逃避反饋的人，擔心反饋可能會傷害到自己的好形象，或許短時間內會覺得自己很優異，但是很快會在真正的表現上落後（Dweck 2006；2013）。諷刺的是，很多聰明、天賦異稟的學生，雖然得了很多獎項，後來卻陷入發展出固定型心態、卡在瓶頸中，原因就在這裡。他們過去因為自身天賦異稟受到讚美，而不是因為自己的表現而受到讚揚，因此多半只想完整保持住這個印象，不想讓自己接觸到新的挑戰，不想從失敗中學習。

擁有一個成長型心態，意味著自己願意為了做得更好而改變，並從過程中得到快樂（這是內在的獎勵），而非從讚美裡得到快樂（這是外來的獎勵）。後者只會使人儘量待在安全、熟悉的領域。前者則是會讓人去關注最需要精進的領域。獲得長期成長的可靠策略，就是盡可能尋找許多機會來學習。如果成長與成功都還不足以吸引你，那請考慮一下這個事實：在所有恐懼症中，最難看的名稱就是用來形容害怕失敗的失敗恐懼症（Kakorrhaphiophobia）。

擁有成長型心態當然重要，但這樣還不夠。同樣重要的是要有一個「能讓反饋以切合實際的方式產生循環」的學習系統。如果你每隔幾個月才收到一次反饋，那時工作早已經做完了，因此對反饋抱持開放的態度並沒有太大幫助。用線性的模式來寫學術性的東西，能得到反饋的機會非常少，更何況久而久之這些機會愈來愈分散（請參考 Fritzsche, Young und Hickson, 2003）。如果你是依據這種線性模式選擇報告的題目，你可能要經過好多個研究的階段後，才會知道自己是不是選對了主題，有沒有真正瞭解自己讀到的內容，自己對於論述的見解是否真的有道理。

在另一方面，採用循環性的方式（而不是線性的方式），則可以讓你進行多次反饋循環，使你有機會一邊進行一邊改善。這樣不僅增加可以學習的機會，還有機會可以修正我們無可避免一定會犯的錯誤。相較於工作結束後一次出現大規模的反饋，反饋循環當中的反饋多半比較小，也比較沒那麼恐怖，較易接受。

舉例來說，讀資料的時候拿一枝筆在手上，會促使我們思考自己讀到的內容，確認一下自己有沒有讀懂。有一個最簡單的測試是：我們自以為有讀懂，但若要我們試著用自己的話寫下來，就知道是否真的讀懂了。當我們這麼做時，我們不僅更瞭解自己的理解能力如何，而且也提升了我們清楚扼要表達自己理解內容的能力，這回過頭來能幫助我們更快速地掌握住想法。如果我們在這裡試圖矇騙自己，寫下自己根本也沒看懂的語句，那麼到了下一個步驟，當我們要把文獻筆記轉換為永久筆記，並且嘗試跟其他筆記連接起來時，我們便會發覺自己並沒有真正瞭解。

用自己的話來寫出自己理解的內容，這種能力是每個寫作者都需要具備的基本技能，而且只有這樣做，加上可能體悟到自己並沒有真正瞭解，我們才能精進這個基本能力。當我們愈精進，我們會更容易、更迅速地做筆記，如此一來，便會再增加我們學習的經驗。同樣的道理也可運用在「分辨重要跟沒那麼重要內容的能力」上面：我們這項能力愈好，閱讀會愈有效率，我們會讀得愈多，學到的愈多。我們因此便會進入一種美好、正向的能力循環。你會覺得大受激勵。

在撰寫永久筆記時，這個情形同樣會發生，因為永久筆記可說是擁有一種內建的反饋循環：用文字表達自己的想法，可以讓我們明白自己有沒有真的思考得很透徹。當我們想要把它們與其他先前寫下的筆記連結起來時，這個系統會毫不含糊地向我們顯現出其中的矛盾、不一致、重複之處。有了這個內建的反饋循環，並不代表著你就不需要從同儕或指導老師那邊得回饋，不過只有這個內建的反饋可以隨時取用，能夠幫助我們做修正，而且每一天還可以修正好幾次。

更棒的是，當我們學到的愈多、變得愈精通，我們的卡片盒筆記也會變得更知識淵博。它同時在增長與提升。而且它增長愈多，就會變得愈有用處，我們要創造出新的連結也會愈容易。

卡片盒的目的不是要收集筆記。用卡片盒來工作的重點不是讓你可以回頭找到特定的筆記，而是讓你看見有關聯的事實，並且讓各種想法交會融合，使你產生真正的見解。隨著它的規模增長，卡片盒筆記的功能會愈來愈強大，不僅是線性增加，還是指數性擴增。當我們查閱卡片盒筆記時，它內在的連結特性不只提供我們單獨的事實，而且還提供我們一系列發展出來的想法。此外，由於它的內在豐富多元，我們在查詢卡片盒筆記時還會意外找到一些原本並沒有想要尋找、但非常相關的筆記資料。這是非常顯著的差別，而且隨著時間會愈來愈強大。它所包含的內容愈多，所能提供的連結就會愈多，而且更容易可以用高明的方式增加新的條目，得到有用的建議。

以內在的連結特性這點來說，我們大腦運作的方式也很類似。心理學家以前認為，大腦的儲存空間有限，會慢慢裝滿，使得人到了老年便很難學習新的東西。不過現在我們知道，我們腦裡相互連結的資訊愈多，大腦就愈容易學習，因為新進來的資訊就可以直接對接到已有的資訊上。沒錯，我們學習單一資訊的能力真的很有限，可能隨著年紀還逐漸衰退。但是，如果資訊不是單獨存在，也不必一個一個單獨去學習，而是掛在一個滿載想法的網絡之中，或說「思維模型的網格」之中（Munger, 1994），它會比較容易理解新來的訊息。這樣不僅使大腦更容易學習與記憶，而且也比較容易在以後提取這個訊息，找到所需要的出處。

由於寫筆記的人是我們自己，我們等於是亦步亦趨跟著卡片盒在學習。相較於使用維基百科這類百科搜尋，這是另一個極大的差異。我們在卡片盒跟在大腦中一樣，使用了相同的心智模型、理論、專有名詞來組織我們的想法。卡片盒能夠產生無限可能性這點，不但使我們感到驚異，也啟發我們產生新的想法，進一步發展出我們的看法。這不是單單靠卡片盒或我們的大腦，而是憑藉它們之內的動能，才能夠運用它達到非常豐碩的成果。

六個寫作
成功的步驟

9. 寫作成功步驟一：各自分開與相互串連的工作項目

9.1 全神貫注去做每個工作項目

根據一項廣為引用的研究報告，工作中經常被 email 和簡訊打斷的話，會讓我們的生產力下降百分之四十，而且讓我們變笨，智商至少降低10分。雖然這項研究從沒有正式發表過，沒有提出關於智力的主張，統計上也沒什麼意義，但是它似乎確認了我們大部份人所相信的事情，也就是我們可能會有注意力不足的問題。這點可以從類似「email 比大麻更傷害智商」（取自 CNN）這種充滿誤解的標題到處瘋傳，就可以看出。

當然，針對注意力也有真正的研究。舉例來說，我們知道看電視會縮減兒童注意力集中的時間（Swing et al. 2010）。我們也知道，電視新聞裡出現的名人發言訪問片段，在過去幾十年來平均長度不斷縮短（Fehrmann, 2011）。一九六八年的總統大選期間，候選人訪問段（候選人講話沒有被打斷的鏡頭）平均時間超過四十秒，到了八〇年代末期，只剩不到十秒（Hallin 1994），在二〇〇〇年時只有七點八秒（Lichter, 2001）。近年來的選舉顯然沒有逆轉這股趨勢。

不論這代表的是媒體在調適我們逐漸減少的注意力集中時間，或者是媒體導致了我們注意力不足，還很難說。[16] 儘管如此，我們周遭顯然圍繞著愈來愈多讓人會分心的東西，而且也愈來愈少有機會可以訓練我們集中注意力。

16. Ryfe和Kemmelmeier不僅證明了這股趨勢可以回溯到更早的時候、還有第一次是出現在報紙上（在一八九二至一九六八年之間，引用政治人物發言的篇幅長度幾乎降低了一半），而且也提出了這個問題：也許這個現象代表著媒體專業程度提升，因為他們不再讓政治人物想講什麼就講什麼（Ryfe和Kemmelmeier 2011）。Craig Fehrman也在對這項細微研究的回應中指出諷刺之處：是媒體自己在媒體上把政治人物的話縮減成短語的（Fehrman 2011）。

9.2 「多工」的缺點，由卡片盒筆記來拯救

如果有好幾件事情需要你集中注意力，那麼在同時間一起處理好幾件事，一心多用，聽起來還不錯。許多人宣稱自己非常擅長一心多用。有些人還相信，為了適應現今資訊爆炸的世界，一心多用是最重要的技能。一般普遍認為，愈年輕的世代愈擅長一心多用，甚至對他們來說是很自然的事，因為他們是成長於博取注意力的新媒體之中。而且研究顯示，那些號稱自己一心多用的人，也會宣稱自己善於同時做好幾件事情。

其實，在那些研究中的受訪者並沒有看出來，自己的生產力其實被一心多用降低了，而他們還以為自己生產力提升了呢。他們通常沒有跟對照組做比較，來真正檢視自己。

但是研究這些一心多用者的心理學家，並不是隨口問問而已，而是真的有檢測他們的生產力。心理學家把不同的任務分派給這些受試者，然後把他們的結果跟另

一個對照組做比較（這個對照組每次只完成一個任務）。結果非常清楚：雖然那些一心多用的人「覺得」自己很有效率，但他們的生產力其實大幅下降（Wang and Tchernev 2012; Rosen 2008; Ophir, Nass, and Wagner 2009）。不只是「量」，連完成的品質都顯著落後對照組許多。

在某些工作上，例如開車與發送訊息，一心多用的品質下降更是明顯到不行。不過，這些研究最引人注意的並不是生產力與工作品質因為一心多用下滑，而是它也會削弱同時處理好幾件事情的能力！

這個結果令人訝異，因為我們都以為，某件事愈常做，就會愈熟練。但仔細想想，上述研究結果其實很合理：「多工」跟你想的不一樣，它不是「同時將注意力放在好幾件事情上」，因為這沒有人可以做到。當我們以為自己在多工的時候，我們只是把注意力快速地在兩件（或更多）事情之間轉移。而且每次轉移注意力時，也會耗費我們的精力，延緩我們下次再度集中注意力所需的時間。一心多用只會讓我們疲憊，降低我們處理多件事情的能力。

那為什麼很多人還是相信自己可以愈做愈上手，並且還增加產能呢？這點可以輕易從以下兩個因素來解釋。第一是缺乏對照組或客觀的外在評量，因此無法提供我們需要的反饋，好好學習。第二是心理學家所謂的重複曝光效應（mere- exposure effect）：把某件事情做很多遍，會讓我們「以為」自己已經非常擅長，但這跟實際上我們的表現完全是兩回事（Bornstein 1989）。很可惜，我們是把熟悉度跟技能混淆在一起了。

上面講了這些，並不是叫你不要一邊開車一邊寫你的論文（雖然這個點子也還不錯）。不過，如果我們想想「寫作」真正的意義是什麼，就會知道多工這個概念會對我們的工作方式造成實質上的影響：若我們沒有很務實地、有意識地把各種不同的工作項目區分開來，最後就會變成同時在做好幾件事。

寫報告會涉及的事情非常多，絕對不是只有在鍵盤上打打字而已。它也意味著要閱讀、理解、思索、獲得想法、找尋連結、辨別專有名詞、找到適當的字眼、建立架構、組織、校對、修正、改寫。所有這些不只是不同的工作項目，而且還是需要「不同種類注意力」的工作項目。要把注意力同時間集中在好幾件事情上，已經不可能了，要把「不同種類的注意力放在不同的好幾件事情上」，真的不可能。

一般來說，當我們說到注意力，我們只會想到「專注」的注意力，這種注意力需要靠意志力才能持續。這點不會令人太驚訝，因為這是大多數心理學家、哲學家、神經科學家過去講到注意力時，一直都這麼認為的（Bruya 2010, 5）。

如今，研究已區分出各種形式的注意力。自從米哈里·契克森米哈伊（Mihaly Csikszentmihalyi）在一九七〇年代提出「心流」的概念之後，也就是在注意力高度集中時變得不費力的狀態（Csikszentmihalyi, 1975），[17] 其他形式的注意力（沒那麼仰賴意志力、不需要那麼費力）也引起了研究者的興趣。

17. 儘管契克森米哈伊的心流概念現在已經眾所周知，但這個概念卻從未被仔細檢視過。在一九六〇年代，俄國有一些研究是把重點放在「後自主注意」（postvoluntary attention），這基本上講的是跟心流同一件事：不需費力的注意力，既不是非自主性的，也不是自主性的。不過絕大部分的研究結果都只有俄文，而且從未進入國際性的心理學討論當中（請參考Bruya 2010, 4 with reference to Dobrynin 1966）。

說到「專注的注意力（focused attention）」，它每次只能使用在一件事情上，而且每次僅能維持幾秒鐘。「專注的注意力」能持續的最大長度，似乎從過去到現在都沒什麼改變（Doyle and Zakrajsek 2013, 91）。專注的注意力跟「可持續的注意力（sustained attention）」是兩回事，可持續的注意力是指我們必須在一件工作上集中注意力比較久的時間，且這種注意力是學習、理解或完成任務所必備的。但這種注意力最容易受到分心的干擾，而且與以前相比，今日我們的注意力持續長度已經大幅下降了。

好消息是，如果我們避免一心多用、去除可能令人分心的事物、盡可能區分不同的工作項目以減少彼此干擾，我們就能夠訓練自己在一件事情上維持更久的注意力。這也不僅是擁有正確心態的問題，而且是我們如何架構自己工作流程的問題，兩者同等重要。缺乏架構組織，會使得「延長專注力的時間」變得更加困難。

不過，卡片盒筆記法不但可以提供一個清楚的組織系統讓你在其內工作，還可以迫使我們有意識地轉換注意力，讓我們在展開下一個工作項目之前，能夠在合理的時間內完成手上現有的工作。加上每個工作項目中都需要寫東西（這本身即需要集中注意力），卡片盒可以成為我們焦躁頭腦的避風港。

9.3 卡片盒筆記幫助你對每個工作項目投入正確種類的專注力

仔細檢視便會發現，一般統稱「寫作」的任務，它底下其實還有好多個不同的工作項目，而且這些工作項目所需要的專注力也各有不同。

舉例來說，「校稿」是寫作過程的一部份，但所需要的心力，完全不同於「思索正確的字句」。我們校對稿子時，扮演的是評論者的角色，透過不帶感情的讀者之眼，退後一步來讀內容。此時我們會檢查內文有沒有錯字、修整有瑕疵之處、確認架構。我們必須要刻意拉開自己與稿子內容之間的距離，看看裡頭到底寫了什麼，而不是我們腦袋裡在想的東西。我們試著忘掉我們知道自己要表達的是什麼，這樣才能夠客觀地去檢視我們所寫的內容。

雖然說扮演評論者並不等同於做一個公正中立的讀者，但也足以找出我們之前沒發現到的缺失，例如論述中的漏洞，也就是我們沒有解釋清楚的部分（因為我們不需要跟自己清楚說明這些部分）。要能夠在評論者與作者的角色之間切換，就得要區分這兩種工作，而這靠著經驗累積，會變得容易許多。如果我們在校對的時候，沒有特別跟身為作者的自己保持一段距離，那麼只會看到自己的想法，而不是實際的文字書寫。

這個現象在我跟學生討論時常會出現：當我指出論述中的問題、定義不明確的術語、或僅是語意不清的段落時，通常學生都會先講說自己的意思是什麼——要等到他們終於明白自己想表達的根本在學術界裡無關緊要，這下才會把焦點轉回到自己所寫的文字上。

書寫的時候，若我們內在的評論者一直去干涉我們這位作者，那也不行。此時我們必須把注意力專注在我們的想法上。如果我們內在的評論者一看到句子寫得不夠完美便不斷貿然干預，會害得我們什麼都寫不出來。我們要先把想法寫下來，下一步再加以改進——亦即等到我們可以好好專心檢視的時候。尤其是複雜的想法，很難用頭腦去把它們轉變為線性的文字。如果我們想馬上討好內在的評論者，整個書寫工作流程會停滯下來。有些作者寫得特別慢、彷彿寫完了就可以直接出書了，這種人有時我們會稱他們是「完美主義者」。雖然這像是在讚美他很專業，其實不是：一個真正的專業者會等到要校對的時候才進行校對，這樣他／她可以一次專心做一件事情。雖說校對需要特別專注心力，不過在寫作時，找到正確的遣詞用字則需要更多浮動的注意力（floating attention）。

而我們在書寫時，如果一面要思考內容架構，一面又要尋找適當的遣詞用字，那就很難找到適當的詞彙了。這是為什麼在我們桌上一定要放一份印出來的內容大綱。我們必須要清楚知道，這個當下我們不必處理的是什麼，因為等到進行至內容的另一個部分時，我們自然會去處理。

寫大綱（或修改大綱）也是非常不一樣的工作，需要另一種完全不同的專注力：

不是專注在某一個想法上面，而是專注在整體論述上面。這裡有一個重點要理解：大綱並不等於寫作之前的準備，也不等於寫作之前的規劃，它乃是另一種不同的、在寫作全期必須經常回頭來審視的工作項目。我們寫作時需要有一個架構，不過因為我們是由下而上操作，所以這個架構一定會不斷變動。還有，每當我們需要更新架構時，必須往後退一步，先看看整體的狀況，然後根據狀況做調整。

將資料加以連結與發展，這個任務也迥異於校對、闡述、寫大綱等。用卡片盒來工作意味著嘗試各種不同的想法，找尋有趣的連結和對比，也意味著建立起資料的群聚、將這些群聚與其他群聚結合在一起，並且為新的寫作計劃準備好筆記內容的順序。我們在這裡需要像拼圖一樣，找到最適合的筆記來放進去。這比其他的工作更有聯想力、創造力多了，而且也好玩許多，因此也會需要非常不一樣的注意力。

閱讀當然也很不一樣。閱讀會因為文本內容的差異而需要完全不同的專注力。例如有些內容需要慢慢仔細閱讀，有些只需要瀏覽即可。若是非得堅持遵循某種閱讀規則，不管內容種類都用同樣的方式去讀，那就太可笑了，但許多學習指南或速讀課程都是教大家這麼做。如果只精通一種技能，而且永遠死守著這種技能，那就太不專業了。我們應該要有彈性，因應不同內容去調整閱讀的速度或方式。

總之，學術性的寫作需要各種不同的專注力。要精通寫作的技藝，我們必須要能夠應用一切所需的專注力和注意力。

過去心理學家認為「專注的注意力」只與科學性的工作有關，而其他較為浮動的注意力與創意性的工作有關，例如藝術創作。現在我們知道，不論是藝術還是科學，都需要這兩種類型的注意力。因此在最傑出的科學家身上，我們可以看到這種靈活性，就不令人意外了。歐辛・瓦坦尼恩（Oshin Vartanian）曾分析諾貝爾獎得主跟其他優異科學家平常的工作流程後發現，他們傑出的原因並非一直保持專注力，而是靠靈活的彈性去應用專注力。「特別的是，這些傑出科學家在解決問題的時候，時而會把極致的專注力放在某個特定的概念上，時而又是玩耍似地探索各種想法。這意味著要能成功地解決問題，需要應用與工作需求相關的彈性策略。」（Vartanian 2009, 57）

上述研究，也解答了研究創意人士的心理學家所碰到的難題。「一方面，那些注意力不集中、心思飄來飄去、像孩子一般思考的人，反而是最有創造力的人；另一方面，似乎會分析與應用也很重要。這個謎團的答案就是，具有創造力的人，兩者都需要……創造力的關鍵在於，要能夠在極為開放、玩耍的心態，跟狹隘、分析性的框架之間轉換著。」（Dean, 2013, 152）

不過心理學家沒有到討論到的是，有些外部的條件可以讓我們從一開始就保持靈活的彈性。一下子極度地保持專注，一下子又能夠隨性地探索各種點子，這種心智上的靈活性只是成功的其中一面。要能夠保持靈活，我們還需要同樣靈活的工作架構，這樣才不會在每次我們偏離原本規劃時便整個崩潰。一個最厲害的駕駛，可能具有最敏捷的反應力，能夠靈活地穿梭在不同的街道、面對各種的天氣狀況，但如果這位駕駛的車子被卡在鐵軌上，那麼任何技巧都沒用了。所以，就算我們清楚理解工作必須維持彈性，但如果卡在僵硬的工作流程裡，那也是沒用的。

遺憾的是，大家最常用來組織自己寫作的方式，就是做個計劃。幾乎所有學習指南都會建議要先計劃再寫作，但那真的等於是讓自己卡在鐵軌上。不要做計劃，要做專家。

9.4 卡片盒筆記幫助你邁向順暢的專家之路

> 純粹只使用理性分析力，會阻礙人們的表現更上一層樓，因為理性分析力的論證需要時間，而且著重於原則、規範和一般性的解決方式。還有，要達到真正專精的前提是，親身參與、速度，以及深入瞭解傑出榜樣的具體實例。（Flyvbjerg 2001, 15）

當我們停止做計劃的那一刻，就是我們開始學習的時刻。只要透過練習，我們就可以依據實際情況，很有彈性地在最重要與最有可能成功的工作項目之間切換與選擇，最後就擅長於產生想法，很會寫出好內容。這有點像是學騎腳踏車，唯有當我們把輔助輪拿掉之後，才能正確地學會騎腳踏車。剛開始我們可能覺得有點害怕，但如果一直留著輔助輪，那就永遠學不會騎腳踏車了，到頭來僅僅只是學會用輔助輪騎車而已。

同樣的，沒有人只按照計劃或線性、多步驟的規範，便能學會大量產出學術類作品的技能。這樣頂多只能學到如何遵守計劃或規定。一般人都推崇要做計劃，原因來自這個錯誤的觀念：要寫出學術作品這類的過程，由於非常仰賴認知與思考能力，因此只能靠頭腦保持清楚來做決定。但學術寫作也是一門技藝，這代表我們能夠靠著經驗與刻意練習，對這門技藝更為嫻熟。

專家倚賴的是具體的經驗，才能達到精湛的境界。專精於學術寫作方面的人，對於整體過程會有一種感知，這是一種後天習得的直覺力，他們可以感知到，哪項工作可以讓人更接近寫完稿子，哪項工作只會讓人分心。天底下沒有一體適用的準則，隨時告訴你何時該採取什麼步驟。每個新的專案計劃都不一樣，而且在專案的每個階段也不同，有時需要讀資料，有時需要再檢視某一段，有時需要詳細論述某個想法，有時則需要改變草稿的大綱。而且天下也沒有一體適用的規則，可以直接告訴你在哪個階段採用某個想法會卡住，在哪個階段會出現自相矛盾的論點，哪個階段需要註腳。

要能夠成為專家，我們需要有自己做決定的自由，也要有自由去犯必要的錯，這樣才能學到東西。就像學騎腳踏車，真正去騎了才能學會。可是大部分學習指南書籍跟教學術寫作的老師，都是很努力阻止你實際去經歷，只會告訴你寫什麼、什麼時候寫、怎麼寫。這樣只會讓你無法學習到真正的學術寫作是什麼，那即是：有獨特見解，公開發表。

順帶一提，如果你身體出狀況，需要有人幫你做心肺復甦術（CPR），而你又有權選擇的話，那你永遠不該選擇「教急救」的老師。在一個實驗中，新手菜鳥、老鳥緊急救護技術員、急救教練三種人，觀看同一系列施行 CPR 的影片，影片中負責做 CPR 的可能是有經驗的緊急救護技術員，也可能是菜鳥救護員（Flyvbjerg

2001）。[18]

想也知道，老鳥救護員可以立刻辨識出影片中的人是不是同為老鳥的救護員（正確率達百分之九十）。而菜鳥則是用猜的（正確率百分之五十）。到這裡為止，都還算好。但是當老師看影片時，卻幾乎一致地把影片中的菜鳥誤判為老鳥，把影片中的老鳥誤判為新手。正確率只有三分之一。

對於這個情況，專門研究專業技能的德雷福斯兩兄弟（Hubert and Stuart Dreyfus）提出了一個簡單的解釋：老師把「遵行（他們所教的）步驟的能力」，跟「在真實狀況時做出正確決定的能力」搞混了。老師和有經驗的老鳥救護員之間的差別在於，老師不會視現場的實際狀況來判斷影片中急救人員有沒有在該種狀況下盡可能做到最好。相反的，他們只著眼於影片中的人員是否有根據他們所教的步驟施行。

18. Flyvbjerg敘述這個實驗跟這個例子時，不但有提到德雷福斯兄弟（Dreyfus and Dreyfus）的書，還提到有跟他們進行全面性的訪談。因此我在這裡是完全按照Flyvbjerg 2001中所敘述的來寫。

菜鳥救護員由於缺乏經驗，無法正確、有信心地判斷現場狀況，只好乖乖做出老師所教的步驟，因此表現得會比較讓老師滿意。根據德雷福斯兄弟的研究，將老師所教的方法正確地施行，只能讓你成為一個不錯的「執行者」（在他們的專業技能評量中會被評為第3級），但卻無法讓你成為「精通者」（第4級），當然也無法讓你有機會成為「專家」（第5級）。

另一方面，專家已將所有必需的知識內化，所以他們不必牢記步驟或方法，也不必費力思考要如何做選擇。他們已經擁有足以面對各種不同狀況的經驗，能夠憑藉直覺，在各種情況下都知道該怎麼做。他們在複雜情況下所做的決定，很明顯並不是經由理性分析的思考，而是透過直覺（請參考 Gigerenzer, 2008a, 2008b）。

直覺在這裡並不是指什麼神秘的力量，而是將過往的經驗整合在一起。這是一種「透過多次成功或失敗的反饋循環，所達到的深度學習的積累」。[19] 即使是

19. 連高度專精的手術也是如此（Gawande 2002）。

像科學這種理性的、分析的工作，也需要專精技術、直覺與經驗才能進行——這一點是針對自然科學家進行實證經驗的研究當中，所得出最讓人覺得有趣的結果（Rheinberger 1997）。高段的西洋棋手似乎比初學者較少思考，他們反倒是能「看出」模式，讓自己過去的經驗來帶領，而不是試圖想儘量提前先估算出棋步。

與職業西洋棋界相同，專業學術與非虛構類寫作的直覺力，也必須透過「有系統地接受到反饋」以及「經驗的累積」來習得。換句話說，在學術類寫作方面若想有所成就，很大程度是要仰賴有組織的實務面。以卡片盒為核心的工作流程並沒有什麼規定，告訴你在寫作的哪個階段要做些什麼。相反的，它只是給你一個架構，裡面是清楚分明的工作項目，讓你在合理的時間內可以完成，並且透過相互關聯的寫作項目提供即時的反饋。

它也提供了刻意練習的機會，讓你變得更為精進。當你的經驗愈多，就愈能仰賴自己的直覺告訴你下一步要做什麼。它並不是像一般學習指南書所承諾的，可以讓你擁有「從直覺到專業的寫作策略」，它反而是要你習得技能和經驗，正確並且直覺性地判斷情況，進而成為專家。所以，你可以把那些會誤導人的學習指南永遠給扔了。著名學者傅以斌（Bent Flyvbjerg）很清楚地寫道，真正的專家是不做計劃的（Flyvbjerg 2001, 19）。

9.5 用卡片盒筆記增強記憶

專注力不是我們唯一有限的資源。我們的短期記憶也很有限。為了不要浪費它的容量，我們需要對策，那就是：可以儲存在外部的東西，就交給外部的系統。對於人類長期記憶容納量的估算眾說紛紜，而且多屬臆測，但心理學家過去講到短期記憶時，倒是都同意這個非常明確的數字：我們最多可以同時記得七件事情，或者五到九件事之間（Miller 1956）。

資訊無法像存在記憶卡那樣儲存在我們的短期記憶裡。它比較像在大腦裡四處漂浮，想爭取我們的注意，佔用珍貴的大腦資源，直到它被遺忘或被更重要的事情取代（重要與否，是由我們的頭腦來判別），或者轉移到長期記憶裡。當我們試著記住某件事情時（例如購物清單），我們只是在腦海裡一直重複要買的項目，而不是把它們暫時儲存在腦袋裡等稍後再叫出來，然後同時間又在想著其他更有趣的事情。

但那些記憶大師呢？看起來我們是可以運用記憶術來增加我們可以記住的事情數量，並且還不是只有增加一點點，是明顯增多。不過，記憶術實際上只是把相同意義的東西打包放在一起，然後記住，我們最多可以記住七個「包裹」（Levin and Levin, 1990）。或者，如果近期的研究是正確的，那我們的工作記憶最大容量不是七件事（加減二件事），而是比較接近最多四件事情（Cowan 2001）。

請看以下的這串數字，只能看一次，然後馬上記下來：11、95、82、19、62、31、96、64、19、70、51、97、4。

很難，因為顯然超過了七件事（七個數字）。但只要你瞭解到，原來這些數字只是連續五屆世界杯的舉辦年份，那就簡單了。此時你要記住的不是七個數字，而是兩件事：規則與開始的年份。[20]

這就是為什麼我們比較容易記住自己瞭解的事情，不瞭解的事情沒那麼容易記住。我們並不是要在「專注在學習」還是「專注在理解」兩者當中選擇一個，而是說，這一切都和「理解」有關——理解都是為了學習的緣故。我們所理解的一切事情，都會相互連結（連結的方法則是透過規則、學說、敘述、純粹邏輯、心智模型、解釋、說明等等）。而卡片盒筆記的功能，就是刻意建造這些有意義的連結。

寫作的每個步驟都會出現以下的問題：這個事實要如何放進我的看法中？這個現象要如何用那個學說解釋？而最重要的問題是，X對Y的意義是什麼？這些問題不僅能增加我們的理解，而且還促進我們的學習。一旦我們跟一個想法或一個事實創造出連結，當我們想到它跟什麼連結在一起時，就不會忘記了。

雖然有些事我們想要盡可能長久記住，但我們也不想讓自己的腦袋塞滿不相干

20. 這裡11 95 82 19 62 31 96 64 19 70 51 97 4就變成：1. 1958 2. 1962 3. 1966 4. 1970 5. 1974

的資訊。所以我們整理日常資訊的方式，就會對長期記憶造成很大的影響（對短期記憶也一樣）。

說到這，我們就要感謝前蘇聯心理學家布盧瑪・蔡加尼克（Bluma Zeigarnik）的睿智和她的觀察技巧：有天她跟同事去吃午飯，餐廳的服務生讓她印象非常深刻，因為他完全不必用筆寫，就可以準確無誤記住客人點了什麼。吃完飯剛走出餐廳，她就發現自己忘了拿外套，於是回去餐廳拿。但令她驚訝的是，那個才在幾分鐘前，因為記憶力超強而讓她相當佩服的服務生，居然完全不認得她。她覺得很矛盾，於是問了服務生。服務生說，每個服務生都可以記住哪個客人點了哪種餐點，但只要用餐的客人一離開餐廳，服務生便會忘得一乾二淨，然後把注意力放在下一組客人身上。

這就是現今著名的蔡加尼克效應：還未完成的工作項目，會佔據我們的短期記憶，直到完成為止。這就是為什麼我們只要一想到某事還沒做完（不管它重不重要），就很容易分心。幸好蔡加尼克不斷研究，我們現在才知道：要讓我們的大腦停止去想某件工作，不用等到那件工作真的做完，只要把它們記下來，然後讓自己相信「我會去處理」，這樣大腦就會停止去想它了。

沒錯，因為大腦無法區別「真正已做完的事」跟「未完成、但只是先記下來的事」。如果把某件事情記下來，我們就可以把它從大腦中清除掉。這是為什麼大衛艾倫在《搞定！》裡面提到的系統可以有效運作：秘訣即在於「心境如水」，意思是把所有微不足道的事情從我們的短期記憶裡清空。而且我們既然無法現在一次把所有事情都解決，那麼唯一可以採行的方法就是有一個值得信賴、固定的外部系統，讓我們可以儲存那些還沒做完的一堆事，並且相信這些事情不會被遺漏。

用卡片盒來工作也是同樣的道理。為了能夠專心於手邊的工作項目，我們必須防止其他還未完成的工作一直縈繞在我們的腦海裡，浪費寶貴的腦力資源。

第一步是要把「寫作」雜七雜八的工作拆解成一個個較小的、一口氣可以完成的項目。第二步是一定要把自己思考過的結果寫下來，包括未來探究時可能產生的連結。由於每個工作項目的結果都有寫下來，可能的連結變得清楚易見，很容易隨時回頭便可以把還擱著的工作做完，不必一直記掛在心。[21]再下來可能的工作項目可能會是開放性的問題或是跟其他筆記的連結（不管是哪種，或許會需要我們再進一步詳細闡明，也或許不需要）；也可能是專案資料匣裡面一行明確的文字提醒，例如「再看一下這一章，檢查看看是否有贅字」。再下來可能的工作項目還有第三種類型，就是有某個內容還收集在卡片盒裡，等著我們把它轉變為永久性的筆記，例如匆匆寫在記事本上但還沒刪掉的筆記，或者還未歸檔放入參考系統的讀書文獻筆記。

上述兩個步驟都能讓我們不必在心裡惦記著還有什麼沒做，而且能讓我們下次回頭從當時停下來的地方開始，繼續把工作做完。這是在寫作中思考的一個重要優勢：所有事情都已經外部化。

我們還可以反過來利用蔡加尼克效應，幫助我們記住一些還未解決的問題。我

21. 處理瑣碎小事的重要性，當然無庸置疑。不僅是因為我們很容易被日常瑣事分心，而且若是我們沒有把這些雖然很小但很重要的事情顯露出來，還是會一直忘記。這是為什麼一旦在緊要關頭有什麼重大事情發生時，列出清單是如此重要（請參考Gawande 2010）。

們可以反覆思考這些問題，甚至在我們做些不相關的事情時（理想上這時不太需要專心投入）也可以繼續想。讓這些想法逗留在自己的腦袋裡，但不必太專心，讓頭腦有機會用不同的方式處理問題，往往出人意外地效率奇高。例如我們出去散步、洗澡或打掃家裡時，我們的腦袋還是會忍不住在那裡東想西想上一個還沒解決的問題。這是為什麼我們常常是在很偶然的狀況下找到答案。

從以上這些關於我們大腦是怎麼運作的見解來看，我們可以確定，當我們坐在書桌前工作時，不會因為想到要去超市買什麼東西而分心。相反的，我們在出門跑腿辦事的時候，說不定會想到重要問題的解決方法。

9.6 讓卡片盒筆記幫助你降低做決定的次數

除了專注力一次只能放在一件事上頭，還有短期記憶最多一次只能記得七件事情以外，另一種有限的資源，就叫做動力或意志力。但只要把工作流程的環境好好設計，就會產生很不錯的效果。與卡片盒密切合作，成效絕對遠遠超過任何精細複雜的規劃，這點現在大家應該不意外了吧。

長久以來，人類都以為意志力是一種性格的特點，而不是一項資源。今天我們已瞭解，意志力很像肌力：是一種有限的資源，會快速耗盡，需要時間復原。透過訓練（需要時間跟努力），是有可能加強到某種程度。這種現象通常是以「自我耗損」（ego depletion）一詞來討論：「我們使用『自我耗損』這個名詞來指稱在進行意志行為時（包括控制環境、控制自我、做出決定、採取行動等），由於先前使用了意志力，而使得自我能力或意願暫時性的下降。」（Baumeister et al., 1998, 1253）

對於自我耗損的研究，最有趣的發現就是，有太多因素會造成我們自我耗損。

我們的研究結果發現，各式各樣的行為都會利用到同一項資源：自我控制、重大的決定、主動選擇等等，都會干擾後續同類型的行為。這意味著，我們有些重要

> 的資源，會被我們所做的事情所耗盡。當然，我們認為這些資源是可以再補滿的，但我們還不太清楚它的真實特性，也不太清楚是什麼樣的因素會加快或延遲補充的速度。（Baumeister et al., 1998, 1263f）

即便是看似不相關的事情，也會對自己產生很大的影響（Inzlicht, McKay, and Aronson, 2006），例如像是被偏見所影響，因為「為了控制刻板印象帶來的影響……或許要仰賴同樣……有限的資源，而這些有限的資源，在人們進行自我調節時會需要用到」（Govorun and Payne 2006, 112）。

處理這種限制的最高明方法，便是欺騙。與其強迫自己去做不喜歡的事，不如想個辦法，讓自己歡喜甘願，開始推動計劃往前進展。完成應該要做完的工作，卻不需要動用到太多的意志力，這種境界需要技巧，或一點花招。

這些研究的成果目前正接受學界嚴格的檢視，我們不必全信（Carter and McCullough 2014; Engber and Cauterucci 2016; Job, Dweck and Walton 2010），不

過我們可以有把握這麼說：一個值得信任、標準化的工作環境，對於我們的注意力、專注力與意志力，或者說「自我」，耗損會比較少。

大家都知道，「做決定」是一項極為累人的工作，這是為什麼像歐巴馬或比爾蓋茲等人，只穿深藍色或深灰色兩種顏色的衣服。因為他們在早上只要做二選一的決定，把較多的資源留給真正重大的決定。

至於我們在組織研究與寫作的方法時，也可以特意減少必須做決定的數量。與內容相關的，當然是必須要做的決定（例如，在一篇文章中哪些是比較重要跟哪些是比較次要的、筆記之間的連結、文本的架構等等）。大部分與架構組織相關的決定都可以採用同一個系統，且在一開始就做好決定，做好就不用再改了。例如固定使用同一種記事本做簡略的速記、固定用同一種方式從文本中擷取重要的想法並且將它們轉成同一種格式的永久筆記、固定用同一種方式處理永久筆記等等，這樣的話，在工作流程中要做的決定數量便會大幅減少，我們就可以把更多腦力資源放在重要的工作上，像是試著解決問題。

能夠及時完成工作，然後回頭去做擱置下來的事，是另一個令人開心的益處，幫助我們恢復專注力：因為我們便可以稍稍休息一下，不必害怕遺漏了什麼。短暫的休息絕對不只是讓我們有機會恢復一下。休息對於學習很重要，可以讓大腦處理資訊，將訊息移入長期記憶裡，然後準備接受新來的訊息（Doyle and Zakrajsek 2013, 69）。[22] 如果我們在工作期間沒有適當的休息，不管是因為急著想快點做完，還是擔心會忘記手上在做的事情，都會對我們的努力付出有很大影響。出去走一下（Ratey, 2008），甚至小憩片刻，[23] 都有助於學習和思考。[24]

22. 雖然這不是新的發現，不過現在都已經由神經科學家和實驗心理學家等加以證實（Doyle and Zakrajsek 2013 ref. Tambini, A., Ketz, N., and Davachi, L. 2010）。

23. 神經科學家會稱此為長期增益效果（long-term potentiation）（Bliss, Collingridge, and Morris 2004）。

24. 已有大量證據證明睡眠有助於記憶（例如請參考Wagner et al. 2004），也有助於找到問題的解決方法（Wamsley et al. 2010）。

10. 寫作成功步驟二：為了理解而閱讀

我建議，在閱讀的時候，手裡拿著筆，然後把覺得常見或有用的內容簡短地記在一個小本子上；因為這是植入記憶的最好方式。

班傑明・富蘭克林（Benjamin Franklin）[25]

10.1 閱讀時，手上拿著筆

要寫出一份不錯的報告，只要把寫得不錯的初稿加以修改即可；要寫出一份不錯的初稿，就只要把筆記轉化為完整的內容即可。而且由於這些筆記都已經在卡片

25. Franklin 1840, 250。

盒中，只需要一點重新編排。所以真正要做的只是在閱讀時，拿枝筆在手上而已。

如果你理解自己在讀的內容，並且用自己思考過的不同文字寫下來，具體呈現在卡片盒中，自然就能把別人的想法與發現轉換成你個人的新見解。這是雙向的運作：卡片盒裡的筆記會漸漸發展為論述，這些論述是由已存在你腦中的理論學說、想法、思維模型所塑造出來的。而在你腦中的這些理論學說、想法、思維模型，又是由你所讀到的東西所發展出來的。這些論述一直在變動中，而且由於卡片盒筆記會產生驚人的連結，這又會不斷挑戰你的論述。卡片盒中的東西愈豐富，你的思考便會變得愈豐富。

卡片盒是一個想法的產生器，是跟著你自己的智識成長亦步亦趨發展出來的。這些加總起來，你就可以把先前個別或甚至單一的論據資料，轉變為相互連結的關鍵多數。

從卡片盒筆記到最後完成的文本內容，這之間完全暢通無阻。內容已經言之有物、經過完整思考，而且很多部分都已是前後連結得非常好。筆記只需要直接排列起來即可。雖然筆記本身都是統一格式，很容易理解，不過它們同時也是置於一段或好幾段的文本中，因此使得它們的意義更加豐富。

從卡片盒汲取想法，發展成為初稿，比較像是跟卡片盒在對話，而不是一種機械式的動作。所以，最後出現的結果絕對不是之前工作的複製品，而是會出現令人意想不到的結果，而且往往還是你無法預料得到的東西。這種情形，在先前的每一個步驟裡也會出現。

閱讀時拿著筆在手上，最後會有什麼樣的結果，我們不可能預料得到，因為這個時候不是只把想法照抄下來，而是跟我們在讀的內容進行有意義的對話。

當我們從某一個文本的內容裡擷取想法時，我們認為這些想法是「在某個特定的上下文中具有明確的用意」的東西，或者是「支持某個特殊論點」的東西，也可能是某個理論的一部分（但不是由我們自己提出，或者不是用我們母語闡述的）。這是為什麼我們必須把這些想法轉譯為我們自己的語言，才能讓它們嵌入我們思考中的上下文脈絡，也就是卡片盒裡那些不同的上下文脈絡。「轉譯」的意思是指，用不同的文字，盡可能忠實地把原來的意思記述下來，不可以隨意扭曲。同樣地，若只把引文照抄下來，縱使是一字不漏，還是會在摘取時改變了它們的意思。這是入門者常犯的錯誤，亦即只是弄出一個想法的大雜燴，卻沒有一個前後連貫的見解在其中。

文獻筆記雖然跟書目資料一起存放在參考系統裡，跟卡片盒是分開的，不過它們與原來文本的上下文脈絡非常相關，因此我們已經是用卡片盒裡的思維角度把它們寫下來。魯曼是這麼形容這個步驟的：「我會拿一張紙，在上頭記下書裡某幾頁的想法，然後在紙的背面，我會寫下書目出處。讀完這本書之後，我會仔細讀一遍我的筆記，想一想這些筆記跟已經放在卡片盒裡的筆記可能會有什麼樣的關聯性。換言之，我是用卡片盒裡可能有哪些連結的角度來讀這些筆記。」（Luhmann et al., 1987, 150）

文獻筆記的範圍要有多廣泛，取決於內容本身跟我們的需求。另外也取決於我們能否簡潔且完整記錄的能力、文本內容的複雜度，以及理解的困難程度。文獻筆記也是一種用來理解跟看懂文本內容的工具，因此比較難的內容當然是要有比較詳盡的筆記，比較簡單的內容可能只要記下幾個關鍵字即可。

魯曼絕對是專家中的專家，他只要簡短寫下筆記就沒問題，而且還能夠把這些筆記轉變為卡片盒裡的珍貴筆記，又不會改變原文的意思。[26] 而我們若在大腦裡有一個由大量思維模型或學說組成的網絡結構，那麼也就能像魯曼一樣，可以快速辨認並敘述重要的看法（請參考 Rickheit and Sichelschmidt, 1999）。每當我們在探究一個陌生的新主題時，我們寫的筆記可能範圍比較廣泛，此時不必太焦慮，因為這是一種訓練理解力的刻意練習，我們無法跳過。有時候我們需要慢慢從頭到尾看完難懂的內容，但有時候只要用一個句子便可以把整本書講完了。唯一重要的是，這些筆記為下一個步驟提供最佳的支持，也就是寫出真正可以放入卡片盒裡的筆記。此外，仔細思考我們所讀的內容之架構、學理背景、研究方法或角度，這樣最有幫助。

26. 請參見以下這個例子：http://ds.ub.uni-bielefeld.de/viewer/toc/ZK_digital/1/#LOG_0000

當然這樣做也意味著，我們不但要好好思考文本內容中所提到的東西，也要好好思索沒有提到的部分。

用這種方式來做文獻筆記，會跟大多數學生做讀書筆記的方式大相逕庭，多數學生用的方式，要嘛沒有系統性，要嘛過度系統化。最常見的狀況是，用錯誤的方式系統化：採用最廣受推薦的閱讀技巧，像是SQ3R或SQ4R，把所有讀到的文本，不論內容為何，都用同樣方式處理。他們沒有明確制訂好自己筆記的格式與組織系統，也沒有先計劃好之後要怎麼處理這些筆記。寫筆記若沒有明確的目的，會變得比較像例行性的工作，而不是一個大計劃裡頭的重要步驟。有時候因為出於用心，便寫了很長的摘要，但不可能永遠這樣做筆記。有時候，唯一在做的只是劃劃重點，在空白處寫點心得感想，可是這幾乎等於沒在做筆記。而且很多時候，閱讀的時候沒有一邊做筆記（也就是寫東西），那幾乎跟完全沒讀一樣。這一切都跟卡片盒裡有用的筆記是否累積到「關鍵多數」的臨界質量有關，而為了累積到臨界質量，我們就必須清楚知道要怎麼閱讀，以及怎麼做文獻筆記（讀書筆記）。

雖然做文獻筆記的目的跟程序一樣明確，不過你還是可以自由使用各種技巧，來幫助你理解閱讀的內容，做出有用的筆記，就算你用十種顏色來標示重點，採用SQ8R的閱讀技巧，也都OK。不過這些都算是額外的步驟，在這之前，真正重要的步驟是做永久性的筆記，那才能為卡片盒加添價值。

你理解了閱讀的文本之後，就必須做成某種形式的讀書筆記，這樣在做卡片盒筆記（永久筆記）的時候才有素材。但也別把「做讀書筆記」弄成一個複雜的大計劃，文獻筆記應該簡短，而且有助於撰寫卡片盒裡的永久筆記。其他的東西若對於永久筆記無益，那肯定會分散注意力。

> 如果你用紙筆來寫筆記，那麼要把手寫的筆記放在同一處，按照常用的字母順序、姓氏、年月等方式排列存放。這樣就可以很方便地在參考書目系統裡，把筆記跟書目資料進行對照。不管你是不是用手來寫筆記，重點在於理解文本內容，並為下個步驟做準備，也就是將想法轉變為你自己在卡片盒裡的思維。

你可以將文獻筆記直接打在Zotero軟體，這樣你的文獻筆記跟書目資料就可以一起儲存。若你想用手寫的話，已有許多研究顯示，用手寫可以增加理解。在某個小型但很有趣的研究中，兩位心理學家想要知道，學生在上課時用手寫筆記跟用筆電打筆記是否會有差別（Mueller and Oppenheimer 2014）。結果發現，每個學生能記得的事實，數量都差不多，但是對上課內容的理解而言，用手寫筆記的學生要強多了。而且過了一個禮拜之後，這種理解的優勢依舊還在。

這沒什麼奧秘之處，而且很容易解釋：手寫速度比較慢，也無法像筆電一樣可以快速做修正。由於學生手速沒快到可以把上課聽到的一切都記下來，所以不得不把注意力放在課堂上講的重點，而不是細節。但為了要記下重點，就必須先理解。所以如果是用手寫筆記，得先思考自己所聽到（或讀到）的內容，不然無法掌握住基本的原理、概念、論點的架構。

用手寫當然不可能一字不漏地抄下來，卻有助於將聽到的（或看到的）轉譯為自己寫的文字。用筆電寫筆記的學生速度比較快沒錯，他們能夠較完整地記下上課內容，卻沒有經過真正的理解。因為他們在意的是筆記是否完整。逐字抄下筆記是有可能的，不過這樣卻是未經思索的內容，就好像老師講的話，學生耳朵聽到後便直接用手打字記下來了，完全繞過大腦。

10.2 保持開放的心態

筆記要做得好，「選擇性地記錄」是關鍵，但要如何聰明地篩選也一樣重要。遺憾的是，我們的大腦天生不太會篩選訊息。當然我們應該要找尋一些與我們看法相反的論述與證據，來挑戰我們的思維模式，可是我們天性就是會被「使我感覺良好」的事物吸引，因為它們會證實我們已經知道的東西。

在我們選定某個假設的那一刻起，我們的大腦便自動進入搜尋模式，在周遭掃描找尋可以支持的資料。但這不是學習的好方法，也不是做研究的好方式。更糟的是，我們甚至沒有察覺到這種「確認偏誤」（confirmation bias），或者我方偏見（myside bias）[27]早已悄悄出現了。

例如，好像剛好我們身旁的人想法都很接近（當然，因為我們總是跟自己喜歡的人在一起。那為什麼我們一開始會喜歡他們？因為他們的想法跟我們很像）。我們好像剛好就會讀到「證實我已知事情」的著作（當然，我不是故意的，我只是堅持閱讀高品質的內容。那為什麼我一開始會認為這些內容優質又有見地？因為它們讓我覺得心有戚戚焉）。我們再怎麼看，就是會直接無視與我們看法相反的事，甚至沒有注意到它們的存在。很像是我某一天覺得身旁的人都很快樂，另一天又覺得旁邊的人都很悽慘，全視我們的心情而定。

「確認偏誤」是很一種微妙但重要的影響力。心理學家雷蒙·尼克森（Raymond Nickerson）說：「如果我們想要找出唯一一個、最值得注意、關於人類論證上有問題的部分，確認偏誤應該會是在考慮之內。」（Nickerson1998, 175）

27. 請參考Wolfe and Britt, 2008.

即使是最優秀的科學家與思想家也難逃確認偏誤。不過他們與一般人不同之處在於，他們會察覺到這個問題，想辦法解決。最經典的例子便是達爾文（Charles Darwin）。他強迫自己要寫下（且加以詳細闡明）對他的學說批判最嚴厲的論述。「我……多年來遵行著一個黃金法則，那便是不論何時，我只要看到公開發佈的證據、新的觀察或看法，是與我的研究結論相反的，我一定會馬上記下來。因為我從經驗得知，這些事實與看法比那些我喜歡的意見，更容易被遺忘。我因為有這個習慣，所以極少有人對我的見解提出異議，至少我沒有注意到。」（Darwin 1958, 123）

這是一個克服確認偏誤的不錯方法（主要是大腦方面）。不過我們想要的是找到方法，克服外部系統的心理學層面的限制，產生獨到的見解。我們想要別費太多腦力，便可以做出正確的決定，就像奧德賽把自己綁在船上的桅杆，讓自己絕不會被女妖的誘人歌聲迷惑。有一個好的系統，工作流程必然會迫使我們採取更有效的行動。

在做筆記時，可以用以下兩步驟來避免確認偏誤：首先，把整個寫作過程顛倒過來（從下而上），其次改變心態，不要總是只找可以證明的事實證據，而是相關的資料全都收集，不論它們有沒有支持你的論點。

大部分學習指南推崇的線性寫作流程，都是要大家不管三七二十一先決定好要寫的主題或假設，但這肯定會讓確認偏誤一發不可收拾。因為你會把你到目前為止的理解當作是結論，而不是一個起點，因此你的觀點就偏差了。然後你會刻意在把事情完成（為自己已先入為主的論述找到支持的證據）跟產生真正獨特的見解之間，製造一種利益衝突，把任何背離自己預設計劃的事情，視為是阻止自己成功完成計劃的阻礙。這裡有一個很好的判別法則：如果某個見解會對你在學術或寫作上的成功造成威脅，那你就錯了。

為了放開胸懷，迎接真正洞見的來到，第一個（也是最重要的）步驟就是要從下而上發展論述與看法，不要由上而下。我們要把注意力放在那些最有見地的想法上面，同時卻也歡迎任何意外的轉折，又不至於會妨害到我們的進展。或許，轉折反而能讓我們的計劃加速推進。我們暫時先不決定自己確切要寫什麼，而把焦點放在如何讓卡片盒筆記累積夠多，達到群聚效應。相對於一直想著先決定要寫的主題，我們想要做的是：

- 確認我們把各項工作都已經清楚劃分好，然後把重點放在去理解自己所讀的內容；
- 確認我們有如實地紀錄我們所讀的內容；
- 找到彼此的關聯性，並且創造連結。

只有這時候，我們才能往後退一步，客觀檢視到目前的成果，然後做出決定，看是要從其中抓取出什麼結論。

卡片盒會促使我們在閱讀與做筆記時進行篩選，而篩選的唯一標準即是，是否可以讓卡片盒裡的論述更豐富。關鍵在於：這條筆記與現有的筆記有關聯性，還是在等待關聯性。任何資料都有助於讓卡片盒裡的想法持續發展下去：有支持的論點，也有反對的論點；有質疑原本看似沒問題想法的論點，也有對某個論述的辯證。我們在找的是，可以為卡片盒增加與擴充內容的訊息和事實證據。當我們運用卡片盒來工作時，會出現一個重要的習慣改變：我們會把注意力從「個別的計劃與預想好的見解」，轉移到「卡片盒裡開放式的連結」。

然後我們才可以往下一步走，做好心態調整，找尋與我們看法相反的事實。只收集片面的看法，這樣還不夠。沒錯，我們是要做篩選，但篩選的條件不是「支持」與「反對」，而是「相關」與「不相關」。而且我們一旦把焦點放在卡片盒裡的內容，那些反駁我們預設論點的資料就會變得非常有吸引力，因為它們開啟了卡片盒裡更多可能的連結與論述（若只有支持的看法，便不可能達到這點）。經過練習，我們會更容易發現到與我們預設論點相反的資料，而且你還會覺得「尋找反面資料」很有趣，停不下來。若因為某個訊息而全面翻轉了我們對某問題原先的整體觀點，這種經驗會讓人非常興奮。而卡片盒裡的內容愈多樣，就愈能將我們的思考往前推展，前提是我們還沒有先決定好要往哪個方向寫。卡片盒裡出現的矛盾意見，可以在之後的筆記或甚至最後的稿件中繼續討論。「從一大堆支持跟反對想法的熱烈討論中，發展出有意思的見解」，比起「收集片面的筆記與看似支持的引述來發展」，前者要容易太多了。事實上，如果還未詳細推敲問題，只根據我們在最早擠出的想法來書寫，那幾乎不大可能寫出什麼有趣跟值得公開發表的內容（因此也會缺乏動力來寫）。

卡片盒自己不知道會有哪些筆記內容被放入，但它很喜歡相互關聯的筆記。我們必須先閱讀，先收集相關資料，將想法連結起來，然後探討如何將這些想法拼接起來。接下來，就到了擷取結論、發展出清楚的論述架構的時候了。

10.3 卡片盒筆記幫助你辨識出重點

區別「相關與不相關的資訊」的能力，只能透過實際操作才能學會。這個能力是在練習找出什麼是重點，什麼只是在旁支持的證據。由於我們在閱讀的時候手裡拿著筆，而且會寫下一個又一個的永久筆記，迫使我們不得不做這種區分。

但這不只是普通的練習：它是一種刻意練習，每一天都要重複做很多遍。學術圈的人每天都必須從閱讀的內容或看法裡找出重點，然後用文字記述下來，這就像鋼琴家天天都得練習彈鋼琴一樣。我們愈常這麼做，我們便能愈專注，也會變得更強大。

學說、概念、專門用語等等都算是某種工具或模式，可以幫助我們在閱讀書籍與文章時找到重點。其他的工具還包含：我們檢視一項論述時看出的謬誤、我們使用的一般性分類方法、某個思想學派的獨特寫作風格，以及我們從不同見解學習到或發展出來的心智模型（這還可以當成很不錯、不斷擴充的一組思考工具收集起來）。沒有上述這些工具與參考基準點，是不可能達到專業的閱讀或理解程度。

我們閱讀時，不管讀的內容為何，都會用同樣的方式來閱讀：也就是讀小說的方式。但我們若能培養出辨識上述這些模式的能力，就會擁有更強大的能力：閱讀變得更輕鬆，更快能夠掌握重點，可以在更短時間內讀更多東西，更容易找到模式，增強我們的理解力。而且在這個過程中，我們會擴充自己的思考工具組，這些工具不僅有助於學術方面的工作，也對一般性的思考與理解有幫助。這是為什麼波克夏．海瑟威公司（Berkshire Hathaway）副董事長查理．蒙格（Charlie Munger）形容說，凡是擁有一整套這些工具，而且知道怎麼運用的人，就是擁有「務實智慧」的人。

但要擁有這樣的智慧，條件是我們自己真心決定要好好閱讀，仔細篩選，仰賴我們自己去判斷什麼是重要跟不重要的東西。這樣的智慧，無法從教科書或二次文獻當中習得，單單依賴它們的學生是沒有機會變得「有智慧」的。正如德國哲學家康德（Immanuel Kant）關於啟蒙所說的名句：「不成熟，是指若無他人的教導就不會運用自己的理解力。如果造成這種不成熟的原因並非缺乏理解力，而是沒有他人的教導，便沒有決心和勇氣運用自己的心智，那就是自我造成的。所以勇於求知吧！『要有勇氣運用自己的理解力』，這即是啟蒙運動的座右銘。」（Kant 1784）

我認為可以按照字面意思來理解康德的這段話。「運用自己的理解力」是個挑戰，而不是先天就會的。就這點而言，魯曼特別強調永久筆記的重要性：

> 閱讀學術文本時問題在於，我們需要的是長期記憶，而不是短期記憶，才能培養出參考的基準點，去區分哪些是重要、哪些是次要、哪些是新的，哪些是重複的東西。但我們當然不可能記得所有的事情，那會變成死記硬背。換言之，一個人在閱讀時要極為嚴格地篩選，挑選出範圍廣泛、有關聯性的參考資料，而且還必須要能夠辨識出重複出現的資料。但是如果沒有人教導，要如何學會？最好的方式是寫筆記，不是摘錄，而是經過濃縮、格式化，把文本內容記錄下來。把已經寫成文字的內容用你的話語重寫一遍，會自動訓練一個人把注意力焦點放在文本內容裡面的架構、模式與類型、條件、假設上面。我們閱讀時要不斷自問：作者不想要表達的

是什麼？作者刻意排除在外的是什麼？如果作者說到「人權」：他要對比的是什麼？是「非人權」？還是「人類的責任義務」？是一種文化上的比較嗎？或是跟某些古人比較？那些古人雖然沒有人權的概念，但也能和平相處，不是嗎？通常書裡不會明確解答這些問題，這時便必須靠自己的想像力了。（Luhmann 2000, 154f）

你在這方面做得愈好，記下重點的速度便愈快，而且這些筆記非常有用。魯曼的筆記就很簡明扼要（Schmidt 2015）。經過練習，能夠找到正確的字眼，用最好的方式來表述某件事情，這裡所謂最好的方式是指簡要、但不是簡化的方式。這樣的話，閱讀你文字的人會讚賞你能夠清楚說明，而且那些聽到你談話的人也會受益，因為個人的能力不但會展現在文字上，也會展現在口語演講與思考。有證據顯示，當作者跟演講者表達得愈清楚、愈切中要點，讀者和聽眾會覺得他們愈聰明（Oppenheimer 2006）。

能夠辨識出模式、質疑文中所使用的架構、察覺其他人所做的區別，是進行批判性思考、看出文字或談話背後訊息的先決條件。把問題、主張與訊息重新架構，這件事甚至比知識廣博更加重要，因為若沒有這種能力，我們是無法把自己獲得的知識加以運用。好消息是，這些技巧是可以學會的，只是需要刻意地練習（Ericsson, Krampe, and Tesch-Römer 1993; Anders Ericsson 2008）。卡片盒筆記就是在刻意練習這些技巧。單單只是閱讀、劃重點然後希望自己可以記住，這是無法練會的。

10.4 讓卡片盒筆記幫助你真正學會知識

如果你無法清楚地說出來，你就無法真正理解。（John Searle）

物理學家暨諾貝爾獎得主費曼曾經說過，他判斷自己有沒有搞懂某個東西，可以從「我有沒有辦法講一堂關於它的概論介紹」來判定。閱讀時手上拿著筆，就相當於是一種小型的講課。永久筆記也相當於是要面對著一群觀眾，他們對於文本中的想法一無所知，也不知道上下文脈絡，只對這個領域擁有大致的瞭解。唯一的差異是，所謂的「觀眾」，在這裡是指我們未來的自己，因為筆記做完沒多久，我們就會回到一無所知的狀態，像那些從沒讀過我們永久筆記的人一樣。當然，若我們寫筆記時旁邊還有別人，或許我們可以從他們臉上的表情知道我們寫得好不好，我們的論述夠不夠有說服力。但話說回來，這是不可能的。

我們也別低估書寫的優點。口頭報告中出現一些沒有依據的言論，還可以輕易糊弄過去，用有自信的手勢或撂下一句「你知道我在說什麼」來掩飾自己論述的漏洞。寫成白紙黑字的話就不行了，「那正是我想說的意思」這樣的句子很容易會被質疑。書寫最重要的優點即是，當我們對某事並不是真的瞭解時，寫作可以幫助我們勇於面對自己。

一方面，熟悉並不等於理解，另一方面，除非我們用某種形式測試自己，不然我們不可能知道自己是否「真的理解」，還是「自以為自己理解」。如果我們沒有試著去檢驗自己在研究的過程中是不是真的理解，我們就會沉浸在「我好聰明喔，知識變多了呢」的喜悅當中，殊不知自己跟以前一樣蠢。但只要我們嘗試用自己的文字來解說「我讀了什麼」的話，這種美好的感覺會迅速消失。突然間，我們真正看到了問題。**當我們嘗試用自己的話重述一個論點，我們理解上的所有漏洞便會毫不留情地一一呈現在我們眼前。**這感覺當然不太好，但卻是我們加強理解力、學習、往前走（跟往後退相比）的唯一機會。這還是一種刻意練習。所以，眼前有兩條路自己選：想要「感覺」比較聰明，還是「真正」變得比較聰明。雖然把想法用文字寫下來感覺是繞路、還要多花時間，但不寫下來才是真正浪費時間，因為這樣我們讀到的東西都白費了。

理解並非學習的前提。在某種程度上，學習就是理解，在技巧上兩者也沒什麼不同：我們從過程中檢驗自己，來增進自己的學習力。這裡一樣，重讀或回顧並不能讓我們辨識出自己還有哪裡沒學到，雖然我們在重讀、複習時會以為自己都學到了。唯有當我們真正試著回溯內容時，我們才會清楚知道自己是否有學到。

我們也可能會被「重複曝光效應」所矇騙：看到以前見過的東西，會讓我們有種感覺，彷彿自己已經能夠從記憶裡提取資料出來。所以重讀會讓我們以為已經會了自己所讀到的東西，自認為「我早就知道了！」我們的大腦在這方面可說是很糟糕的老師。同樣地，在這裡還是兩條路自己選：覺得自己已經學會了，還是真正地學到知識。

如果你現在心想：「笑死，怎可能有人閱讀是為了假裝學會？」那請看看以下的統計：每一天，絕大多數的學生都選擇不要測試自己有沒有真的學會，他們所使用的研究方法——反覆重讀、劃重點以便為了下次重讀時看見，早已經一而再（Karpicke, Butler, and Roediger 2009）、再而三（Brown 2014, ch. 1）被證明是沒用的。而且即使有人告訴他們那樣做是沒用的，大部分學生還是選擇這樣做。如果要我們有意識地選擇，或許我們可以做出正確的抉擇，但真正重要的是那些我們每天都必須要做的、微小的、看似普通的各種選擇，而那些往往都是我們不經意做出決定的。

這是為什麼選擇一個讓我們可以刻意練習、讓我們盡可能看到自己沒有真正理解或還沒有學到的外部系統，才是真正聰明的選擇。我們只需要有自覺地做一次決定就行。

10.5 從閱讀中學習

學習本身需要刻意練習，我指的是真正的學習，那是有助於增進我們對世界的瞭解，而不只是讓我們考試及格就好的學習。刻意練習會很辛苦，需要努力。想要跳過這一步，便會像去健身房但不想花力氣，所以聘個教練來做舉重給你看，完全沒道理。教練不是在那裡練健身給我們看，而是示範如何以最有效的方式，運用我們的時間跟力氣。這個道理，運用在學習上也是通的。「有去做的人，便會學習到，」杜伊爾（Doyle 2008, 63）寫道。或許聽來難以置信，但教育界，這竟然還算是個非常創新的想法。

學習需要努力，因為我們需要用思考去理解，而且我們必須把以前的知識提取出來，說服我們的大腦，把它跟新的想法連結起來，做為線索。這種想法在教育界還算很新，這點可以從老師們身上看到：老師們費盡心力試著想讓學生的學習更容易，先把資料都先準備好，以各種模組、類型與主題加以分類。其實，老師這樣做恰好是適得其反，這樣反而讓學生的學習更加困難，因為這一切都設定為要複習，使得學生沒有機會建立有意義的連結，也無法用自己的文字重述，以便理解某個事物。那就像速食，既沒營養，又不好吃，只是方便而已。

如果老師在課程中間改變了主題，在學生還沒有真正學會這章的時候便換到下一章，過了一陣子再跳回去講解原來的主題，這肯定會讓人很詫異。老師也不會拿還沒教過的內容去考學生，這樣會讓學生覺得困擾，因為學生已經習慣上課的內容都是經過清楚分類好的。不過，這樣卻可以迫使學生設法去理解自己所面對到的內容，而且會讓他們真正地去學習。

> 教學時，老師採用的學習活動如變換或間隔進度、引入情境干擾、考試（而不做口頭報告）等，都具有同樣的特性，也就是在學習的過程中，它們看似會妨礙學習，但等到學習結束後測驗學生的記憶與活用能力，就會發現前述活動其實能夠提升學習力。反之，若讓學習情境固定不變，或在某個課目上進行密集測考等，在學習過程中看似可以增進學習速度，但課程結束後，長遠來看學生無法保有長期記憶與活用能力。（Bjork, 2011, 8）

當我們在還不太知道該如何回答之前，就嘗試去回答該問題，那麼就算是答錯了，但會更牢牢記住答案（Arnold and McDermott 2013）。如果我們在提取記憶的時候很努力回想，即時當時沒有成功想出來，但長遠來看卻更有可能記住（Roediger and Karpicke 2006）。如果我們努力嘗試著自己去記住某些事情，也會有所進步（Jang et al. 2012）。或許大家會「感覺」這些學習方法好像不太對，不過從實證所獲得的結果卻不容置疑。大部分學生憑著直覺就知道採用死記硬背的學習法，把某個內容讀了一遍又一遍，結果卻學不會（Dunlosky et al. 2013）。把某個內容讀了一遍又一遍，不但無助於學習，也無助於理解。不可否認，死記硬背的確可以短時間內把訊息塞進頭腦裡，但這些訊息只會在腦子裡待到考試結束，就煙消雲散了。就如泰瑞．杜伊爾與陶德．扎克雷謝克（Terry Doyle and Todd Zakrajsek）所說：「如果學習是你的目標，死記硬背便是不理性的行為」（Doyle and Zakrajsek 2013）。[28]

與其在那裡複習，你倒不如去打打桌球。事實上，說不定打桌球更可以幫助到你，因為運動有助於將訊息轉化為長期記憶（請參考 Ratey 2008）。還有，運動可以減輕壓力，因為壓力會使荷爾蒙湧入我們的大腦，抑制學習的過程（Baram et al. 2008）。

簡言之，反覆的閱讀內容，不但沒意義，對理解或學習也都沒用。這個動作甚至不該稱之為學習。

28. 有人主張這段引文是來自（Jang et al. 2012），但是我沒有找到。不論如何，放在這裡也是不錯。

所以，最有效的學習方法是闡述，這也就不意外了。闡述不是單純的複習，闡述非常類似我們在製作卡片盒筆記、並將它們與其他筆記結合起來時做的事情（Stein et al. 1984）。闡述的意思是真正去思考我們所讀到的內容、這些內容如何提出不同的問題與主題、如何把這些內容與其他知識結合在一起。事實上，「為了學習而寫」就是一種闡述的方法（Gunel, Hand, and Prain 2007）。不過，雖然闡述經過驗證對於深度學習非常有效，但若你只想要記住像百科全書裡的個別知識，那就不會是最好的方式了（Rivard 1994）。話說回來，你也不是想成為益智節目的高手，所以沒必要把百科全書背下來。

卡片盒可以幫你儲存資料與訊息，但它無法替你分擔思考與理解的部分，因此你必須要把注意力集中在思考與理解。卡片盒也還有助於學習，這是一個很不錯的附帶作用。魯曼幾乎從來不必把資料讀兩遍（Hagen 1997），而且大家都很喜歡和他談話，因為他好像所有資料都可以信手拈來。[29]

29. 根據不同的人所跟他的往來。

因此，使用卡片盒並不意味著「把資料存在卡片盒筆記裡，而不是存在頭腦且學習」。相反地，卡片盒筆記可以促進真正長期的學習，它不是用死記的方式把資料塞進你的大腦裡（你也不想這麼做吧）。所以那些認為做筆記、然後存入卡片盒太浪費時間的人，其實是目光短淺。寫下來、做筆記，還有思考如何把想法連結起來，正是必須要去學習的一種「闡述」。若因為沒有花時間做闡述而沒法從我們讀到的東西中學習，那才是真正浪費時間。

大腦與卡片盒的分工很清楚：卡片盒負責細節與參考資料，是一種長期記憶的資源，可以讓資料保持客觀完整。這讓大腦能夠專注在重要的事情上，亦即更深入的學習與整體性的規劃，並且使得大腦可以自由發揮創造力。大腦與卡片盒兩者可以各自專注在自己最擅長的部分。

11 寫作成功步驟三：聰明的卡片盒筆記

教育心理學家克斯蒂・隆卡（Kirsti Lonka）曾比較了非常傑出的博士生與普通博士生所使用的讀書方法，發現有一個非常不同的關鍵之處：超越給定的文本框架、獨立思考的能力（Lonka 2003, 155f）。

經驗豐富的學術閱讀者，通常在閱讀時心裡是帶著疑問，並且會試著把讀到的內容跟其他可能的解讀方式連接起來，而沒有經驗的閱讀者則大多接受文本中所提出的問題與論述的框架，完全照單全收。優秀的閱讀者會去找出某個特殊解讀方式的侷限，探察文本中所沒有提到的東西。

比起全盤接受文本內容或論述的既定框架，問題更大的是無法在一個更大的框架或論述中，去解讀文本中的特定訊息。即使是博士班的學生有時候也只能從文本中讀取一些「去除脈絡」之後的引文，這應該是最糟的研究方法了，這樣幾乎無法理解內容的真正意義。若是無法在上下文中理解內容，那也不可能加以超越、重新組織與思考對另一個問題可能帶來的含意。

隆卡提到的心理學家傑羅姆．布魯納（Jerome Bruner）曾更進一步認為，若是我們無法超越既定的脈絡思考，只著眼於眼前的訊息，那麼是完全不可能進行科學性的思考（Bruner, 1973，引述同上）。所以，隆卡大力推薦魯曼使用的方式：簡要記述內容中提出的主要想法，而不是蒐集引文。隆卡也強調，應用這些想法也很重要，也就是努力思考，它們可以如何跟其他來自不同內容的想法連結在一起，或者如何提出問題（但不是個別內容中作者已經提出的問題）。

這正是我們在本章中所要做的：寫下永久筆記，加到卡片盒裡。我們不只在腦裡東想西想，還要非常具體地應用這些想法：我們可以思考，這些想法對於其他的思路有什麼意義，接著清楚明確地寫下來，然後把它們跟其他的筆記確實地連接在一起。

11.1 目標：每天都要寫筆記

第一次要寫出長篇內容（例如論文），正常人都會覺得害怕，因為想到要寫個好幾百頁，還要有思考周密的想法、引用文獻的研究、每頁有正確的參考資料等等。如果你對這項任務沒有感到敬重，那你可能有點問題。另一方面，大多數人覺得，每天應該可以寫一頁出來，卻沒有想過，如果這樣的話，一年內便可以完成一份博士論文了，可是這在現實中是非常罕見的。

每天寫出一定量的技巧，由十九世紀的多產作家安東尼・特洛勒普（Anthony Trollope）發揮到淋漓盡致。他每天早上五點半開始寫，面前放著一杯咖啡與時鐘，每十五分鐘寫至少兩百五十個字。他在自傳裡說，這個習慣「讓我一天寫出十多頁，以這種速度持續寫十個月，一年內可以寫出三部各三冊的小說。」（Trollope, 2008, 272）提醒一下，這還是早餐之前完成的量。

學術類或非虛構類的著作沒辦法這樣寫，因為除了寫之外，還要有閱讀、研究、思考，並且修正想法，這些所花費的時間往往遠超過預期。如果你去問學術類或虛構類著作的作者、學生或教授，他們預期會花多久時間完成一篇作品，通常都會得到一個低估的答案。即是要他們去假設「在最悲觀的狀況下」的情況，還是會得到低估的答案。（Kahneman 2013, 245ff）。還有，半數的博士論文永遠都無法完成（Lonka, 2003, 113）。學術類與非虛構類的著作無法像特洛勒普寫小說那樣可以預測完成時間，它們所涵蓋的工作也肯定無法切割為「一天寫一頁」的模式。

把工作切割成可以掌控與可以計量的步驟當然很合理，但是當你還必須要閱讀資料、做研究跟思考時，每天寫個幾頁便行不通。學術、非虛構類的寫作比起小說寫作，牽涉到更多不同類型的任務，但如果把魯曼寫過的文章和出版的書籍都算進來，則他在產量方面是完全勝過特洛勒普。魯曼寫了五十八本書與數百篇文章，而特洛勒普寫了四十七本小說，外加十六本其他的書。最主要的因素在於卡片盒筆記：卡片盒相較於特洛勒普所使用的技巧，如同以複利做投資跟把錢存在小豬撲滿裡的差別。特洛勒普就像是一個勤奮的儲蓄者，每天把一點一滴都存起來，時間久了，便會累積出可觀的數量。例如每天存三塊美金（相當於一杯外帶咖啡的價錢），一年後可以存到一筆錢去度假（一千美金），工作一輩子的話就可以存到一筆錢，當成購買度假公寓的頭期款。[30]而把筆記放進卡片盒裡，就像是以複利來做投資與獲得回報（以此例而言，等於可以買下一整棟公寓）。[31]

同樣的，在卡片盒裡的內容總價值，絕對遠遠超過單獨筆記相加之後的總價值。在卡片盒裡擁有愈多的筆記，代表愈多可能的連結、想法、不同專案計劃間的協力合作，因而帶來更多的產量。魯曼的卡片盒裡大約有九萬條筆記，聽起來是難以想像的巨大數目，但他從開始運用卡片盒筆記，直到過世前，每天只寫了六條筆記而已。

如果你沒那麼大的野心，想要跟魯曼在每年產出的著作數量上較勁，不妨先設

30. 依據通貨膨脹調整，大約為三萬美金。
31. 如果用7%標普500歷史記錄來算，依據通貨膨脹調整，大約是二十萬美金。

定為一天寫三條筆記，這樣也可以在一段合理的時間內累積出顯著具有關鍵多數的想法。而且你不必設定每十二個月要寫出一本書來。相較於每天要寫出幾頁初稿，一天寫個幾條筆記對學術類寫作來說，是很合理的目標。那是因為寫筆記、然後放入卡片盒裡可以一氣呵成做完，但是要寫出一頁初稿，可能需要好幾個禮拜跟好幾個月的準備，其中還包含其他的工作。因此你可以根據筆記的數量來衡量每日的產能。

11.2 外腦思考

寫文獻筆記可說是一種刻意練習，因為它會讓我們知道自己是否真正理解，而同時當我們努力用自己的話把重點寫出來，則是一種最好的方式，可以深刻理解我們所讀到的內容。

將自己的想法寫成永久筆記也是一種自我測試的方式：在寫的時候，這些想法還是合理的嗎？參考資料、事實、可以支持的原始資料都齊全了嗎？把自己的想法寫下來，是整理思路的最佳方式。在這裡，書寫也不是照抄下來，而是轉譯（從一段上下文跟從一個媒介轉換到另一個）。沒有任何一件作品是透過「複製我們頭腦裡想法」而完成的。

寫永久筆記時，並不是把已經預設好的想法寫出來，反而比較像是利用「寫作」這個媒介來思考，並且跟已經存在於卡片盒裡的筆記進行對話。凡是比較複雜的想法，都必須用書寫來呈現。條理清楚的論證，必須要用文字才能明確呈現，且唯有寫出來的東西才夠具體，可以脫離作者而被獨立討論。人的頭腦會一直想讓我們「別太費力」——它會委婉地忽略我們思考中的矛盾。所以只有寫出來，我們才有辦法隔著一段距離檢視自己的論述，否則論述本身會持續霸佔著我們本來要用來檢視它的腦力資源。

我們寫筆記時若有意識到現有的筆記內容，則下筆便會多加斟酌，而不是只把已經存在於我們大腦內部記憶體裡的訊息記下來而已。這點極為重要，因為我們的內部記憶體在提取訊息時，並不是採用理性或有邏輯的方式，而是根據心理層面的規則。我們的頭腦儲存訊息時，也不是很中立客觀。每次我們試著提取訊息時，都會改造、修正自己的記憶。大腦是根據經驗法則運作，把內容弄得看起來像是符合當下需求（即使內容並非符合當下需求）。大腦會記得從沒發生過的事，把不相關的事情加上令人信服的敘述，將不完整的圖像弄得完整。它可以從任何地方找出規則與意義，即使是毫無規則可言的事情也一樣（請參考 Byrne, 2008）。大腦就如康納曼（Daniel Kahneman）所形容的，是「一種太快下結論的機制」（Kahneman, 2013, 79）。可是這種驟下結論的機制，在涉及事實與合理性時，就很不可靠了。魯曼就明白說過：不用寫下來就能思考，是不可能的（Luhmann 1992, 53）。可是大部分的人依舊相信，思考是一種純粹內在過程，他們相信筆的唯一功能只是把完整的想法寫出來。

曾有一位歷史學家到物理學家費曼的辦公室訪問他。當他瞄到費曼的筆記本時，說自己真的深感榮幸，可以看到「如此精彩的費曼思考紀錄」。

「不是不是，」費曼說：「這些並不是我思考過程的紀錄，它們就是我的思考過程。我其實是在這紙面上思考。」

「喔，你在腦子裡已經先思考過了，但思考過程的紀錄還是在這裡，」歷史學家說。

「不是，它不是記錄而已，真的不是。那是在工作。你必須在紙面上工作，這就是紙上。」[32]

很顯然這是費曼與他人非常重要的不同之處。這個不同之處，並不在於言辭上而已，而且就是因為這個差異，讓思考變得大不相同。

哲學家、神經科學家、教育學家、心理學家常對大腦如何運作，抱持著不同的意見。但是一旦論及對於外部鷹架的需求，大家的看法都趨同，都認為真正的思考

32. 《理查．費曼：天才的軌跡》（Genius: The Life And Science of Richard Feynman），James Gleick著，Pantheon Books, 1992（請見第409頁）。

需要某種程度的「外在化」，尤其是像寫作這種形式。「在紙上寫筆記，或者打在電腦上……並不會使得當代的物理學或其他腦力工作變得比較簡單，而是使其變為可能」，這是神經科學家當代手冊中的一個關鍵重點（Levy 2011, 290）。尼爾．利維在這本手冊中的結論寫道：「總之，不論內在的過程是如何運作，若思考者真的想知道人類為何能在科學、藝術或其他系統性探究的領域裡，取得非凡的成就，那麼他們就得瞭解人的思考是多麼仰賴外部鷹架。」（同上）

在卡片盒筆記這個系統裡，鷹架的架設，是透過「將卡片盒這個外部記憶裡儲存的許多想法連接起來」而完成的。魯曼寫道：「人必須要找出想法的不同之處，掌握其中的差異，不管這些差異是很明顯可見，還是隱藏在概念裡。」因為唯有當這些連接是具體展現於外部的時候，才能當成模型或學說，為進一步的思考提供意義與連貫性（Luhmann, 1992, 53）。

要將一個想法嵌入卡片盒內既有的脈絡當中，有個常見的方式是針對你自己的某個思維，寫出它為什麼重要的理由。例如我最近在讀穆蘭納珊（Mullainathan）

與夏菲爾（Shafir）所著的《匱乏經濟學》（Scarcity：Why Having Too Little Means So Much，2013），兩人探究「當人體會到匱乏」的經驗，會如何影響我們的認知，會如何改變我們的決策過程。他們讓讀者瞭解到，為什麼沒時間、沒錢的人往往會做出讓外部觀察者覺得很不合情理的事情。面臨期限將至的人，有時候會發狂似地做些跟任務不相關的事。沒錢的人有時會把錢花在非常奢侈的東西上，例如叫外賣。從外人來看，應該是每次把一件事情做好，或者自己買菜煮飯，才比較合理。這本書很有意思，因為兩位作者並沒有去質疑這種行為，甚至連批判也沒有，只是當成一種普世的人類現象來研究。

於是我做了一些文獻筆記，收集了當人感覺得匱乏時，是如何與為何會做出如此矛盾的行為。這是第一步，主要著重於這本書的論點。我有想到一些疑問，包括像是：這有說服力嗎？作者用的研究方法是什麼？有哪些類似的參考資料？

但等我要寫下放入卡片盒裡的永久筆記時，我問自己的第一個問題卻是：這對我自己的研究與我在卡片盒中所思考的問題有什麼意義？這也可以換個方式問：為什麼我寫下的這些觀點，會引起我的興趣？

如果我是一個心理學家，這本書會吸引我的理由，跟我是一個政治家或理財顧問，會完全不同。也會與出自興趣而買這本書來讀的人很不一樣。我自己是從社會學的角度來看政治問題，對於社會理論的研究有興趣，所以我的第一個筆記很明確便是：「所有關於社會不平等的分析，都必須談到匱乏的認知效應。參見穆蘭納珊與夏菲爾 2013。」這條筆記立刻會引發更進一步的「為什麼」，所以我就可以在接下來的筆記中繼續討論。

現在，我的卡片盒裡已經有兩個筆記，兩者都來自我讀這本書時做的文獻筆記，但卻是依照我自己的思路寫出來的。第一個筆記是陳述這本書跟我自己的思維的關聯性，第二個則是更仔細解釋我的看法。這裡我可以把自己的文獻性筆記當成一個包含珍貴資料與見解的參考來源。雖然在該書當中，可以找到「為什麼匱乏跟社會不平等的研究有關聯」的答案，但這些答案不是照抄下來即可，還需要加以解釋清楚。這便意味著要去思考：關於匱乏的認知效應這個見解是怎樣影響社會不平等的研究。

當我在寫這些筆記時，很明顯關於「為什麼」這個問題的答案，就已經引發更多接下來的問題，像是：難道在社會不平等的學說中，從沒有討論過這些問題嗎？如果有討論過，是誰？如果沒有，為什麼？我要去哪裡找這些問題的答案？沒錯，進一步研究的地方，首選即是在卡片盒。或許在卡片盒裡已經有關於社會不平等的筆記，可以幫助我回答這些問題，或者至少可以指引我去哪裡找資料。

我瀏覽卡片盒的筆記時可能會發現，這些想法或許對我沒想過的其他題目會有幫助。以個人責任這個問題為例，放在「肥胖和荷爾蒙影響」的案例中討論時，是當成一種「關於自由意志的哲學討論」底下的子題。以上這些東西此時還不需要馬上探討，因為這些想法還需要更多的研究與閱讀，但也必須把一些可能的關聯先記下來，若我之後的研究又把我引導回去這些議題，就可以拿出來檢視了。卡片盒裡的筆記愈多，這個步驟會愈有趣、產出愈多，還會引發出更多值得研究的問題。

光是把這些問題寫下來，弄清楚可能的連結，就等於針對想法和學說展開研究了。此時這些想法和學說的界限，以及它們針對某個議題所採取的角度為何，也變得一目了然。藉由明確寫下某個內容是否與另個內容有關、某內容是否會引導我們看見其他的內容，這樣就可以迫使自己釐清與區分想法之間的差異。

11.3 學習不是靠硬記

選擇是建造我們心智的基礎。而以記憶來說，選擇的功用很明顯。如果我們記得所有的事情，那麼在大多數的情況下，跟什麼都不記得是一樣糟。我們去回想某一段時光所需要的時間，會跟它原本消逝所需要的時間一樣長，到最後我們的思考就永遠不能進展。（William James 1890, 680）

我們在第九章「寫作成功步驟一」當中已經看到，運用聰明的卡片盒文獻筆記來進行闡釋，可以讓我們長期記得自己所讀的內容。但這只是初步而已。把這些想法轉入到我們既有想法的網絡內，也就是卡片盒裡我們個人理論學說、概念與思維模型的網絡，才可以讓我們的思考更上一層樓，讓我們把不同脈絡中的想法加以闡明，並且把它們跟其他的想法，用一種可以持久的方式連接起來。這些文獻筆記是準備要存檔起來的，這也意味著如果我們什麼都不做，這些想法便會埋沒在參考資料系統裡了。這也是為什麼我們要把它們轉存到我們的外部記憶體（亦即卡片盒），好讓我們可以持續與卡片盒進行對話，讓這些想法成為一系列有效的概念。

把想法轉存到外部記憶體，也可以讓我們忘記它們。這聽起來很矛盾，不過「忘記」真的可以促進長期的學習。為什麼呢？目前很多學生還不太習慣使用外部記憶體，他們擔心自己必須在「把所有東西都記在腦子裡——不需要外部記憶體」以及「儲存在外部記憶體——這樣腦子就會忘記」兩者當中選擇。但只要我們瞭解我們記憶力真正運作的方式，就會知道這樣的選擇，其實是有謬誤的。

能夠記住所有事情，不必尋求外部記憶體的幫助，聽起來很棒。如果聽過有一個人可以記得所有事情的故事，可能你的想法便會大不相同。俄羅斯記者所羅門．舍雷舍夫斯基（Solomon Shereshevsky）（Lurija 1987）堪稱心理學歷史上最知名的人物之一。他的上級發現他在開會時都不做筆記，懷疑他是個懶惰蟲，但不久之後上級就懷疑自己有沒有聽錯了。

上級質問舍雷舍夫斯基為什麼開會都不做筆記。舍雷舍夫斯基於是把會議中每個人所說的每個字都背誦出來，還可以把開過的所有會議內容都逐字背出來。同事們都驚呆了，但最訝異的竟是舍雷舍夫斯基本人——他首度知道，原來一般人會把絕大多數的事情忘光。連那些有做筆記的人，也什麼都記不得。

心理學家亞歷山大．羅瑪諾維希．魯利亞（Aleksandr Romanovich Lurija）曾試過一切已知的方式來測試舍雷舍夫斯基，卻發現一般人的記憶極限，在他身上完全不存在。不過他的這個強項也是要付出極大的代價：舍雷舍夫斯基不單是能夠記住一切，他也苦惱於無法忘掉任何事情。毫不相干的訊息會無自覺地一直進入他的腦海，層層堆疊之下，重要的事情反而被掩蓋。儘管舍雷舍夫斯基非常善於記住訊息資料，不過他卻無法掌握重點與細節背後的概念，也無法分辨什麼是相關的資訊、什麼是不重要的細節。他也讀不懂文學或詩詞。他可以把小說裡每個字都背出來，但卻無法瞭解小說背後更重大的意義。《羅蜜歐與茱麗葉》對一般人來說是一個愛情悲劇故事，但對他來說，這個故事是：「我們的故事發生在繁華的維洛納，那裡有兩大家族，聲望相等，過去已有舊恨，後來又萌生新仇，搞得大家手上都沾上了鮮血……」顯然，從學術思考與寫作而言，能夠記得所有事情是個大麻煩。

關於學習的科學研究，有個問題始終存在：是否我們都具有像舍雷舍夫斯基的能力，可以記住所有的事情，只是我們壓抑了這項能力？例如，有時候因為某個東西的觸發，讓我們突然鉅細靡遺地想起過去發生的事情，就像在普魯斯特（Proust）的追憶中那個馬德蓮蛋糕的香味。這些非自主記憶的時刻，或許就像是我們心智屏障的裂縫，透過這些裂縫，我們可以一瞥人生中所累積的所有記憶，但也可能永遠再也沒機會進入。

如果是這樣，那麼「忘記」便不會是遺失記憶，而是建立一道位於意識心智與我們長期記憶之間的心智屏障。心理學家稱這種機制為主動抑制（active inhibition，參見 MacLeod, 2007）。它的功效很清楚：如果沒有這個過濾器，我們的大腦會一直湧入大量的記憶，使我們無法把注意力放在現時的周遭環境。這就是舍雷舍夫斯基在生活中的痛苦之處：有次他去買冰淇淋，但是賣冰淇淋的小販隨口說的話，就觸發他大量的聯想與記憶，差點讓他崩潰，他只好逃離現場。

人類高度仰賴一項潛意識機制，這項機制會有效地隨時抑制記憶，除了極其少數真正對某個情況有幫助的記憶。不幸的是，我們無法像選取電腦檔案匣那樣有意識地選取記憶，因為要做到這一點，必須要「我們想選取的記憶已經存在於我們的意識心智中」才行。但這樣又會使得「記憶」這個機制變成多餘。因為正是「記憶」這個機制，把我們的記憶帶回到我們的意識心智中。所以到頭來，或許舍雷舍夫斯基並不是天賦異秉，他反而是缺乏一種我們都有的能力：有系統地遺忘的能力，也就是阻止多數毫不相干的訊息被大腦記住。

當然，舍雷舍夫斯基還是可以抑制訊息，但這個能力並不顯著。於是這樣替他帶來了嚴重後果。由於太常常被記憶、聯想、聯覺等經驗弄到崩潰，使得他很難長期穩定地工作，也無法享受一般人非常珍惜的許多事情。最重要的是，這使得他沒辦法進行抽象的思考。

加州大學的羅伯·比約克（Robert A. Bjork）與伊莉莎白·比約克（Elizabeth Ligon Bjork）認為，要把記憶區分為兩種不同的評量：一種是儲存強度，一種是回溯強度（Bjork 2011）。他們推測，儲存強度，也就是儲存記憶的能力，在人的一生中只會變得愈來愈強。我們會把愈來愈多的訊息放到長期記憶中。只要看看我們大腦的容納量，便可以知道我們真的有可能把一生的經歷鉅細靡遺地儲存在那裡（Carey 2014, 42）。

這個論點很難驗證（雖非不可能），但因此我們必須把焦點從儲存強度轉移到回溯強度。學習的過程並非像是一個硬碟在儲存訊息，而是在訊息與訊息之間建立連結與橋梁，且在正確的時刻繞過抑制機制。換句話說，要讓正確的「提示」去觸發正確的記憶；還有我們要知道如何進行策略性思考，以便在需要時記住最有用的訊息。

上述道理並不好懂。看看現在的教育，大多數的學生採取的學習方式，依然是在增進「儲存強度」，縱使它根本無法被加強。大部分的學習方式還是在記住個別的訊息，而不是在建立連結。這其實就是被學習心理學家所貶稱的「填鴨式教育」：用重複的方式，試著強化、鞏固在大腦裡的訊息。基本上這等於是把內容強加灌輸到學生的頭腦裡，就好像它們是古代大石塊上的雕刻一樣。即便是用花俏的字眼形容為是「強化神經元之間的連結」，還是無法改變這種方法徒勞無用的事實。

但如果我們把重點放在「回溯強度」，我們立刻便會開始有策略性地思考：什麼樣的提示會觸發一段記憶。提示不是固定的，每個片段的訊息都可以觸發另一個片段訊息。例如像是甜點香味所帶來的聯想，如同馬德蓮蛋糕觸發了普魯斯特童年的回憶，不過這種回憶稱為「非自主記憶」，原因是我們無法有目的性地回溯。而當我們在特定環境下學習時，則會有些偶發的提示依附在訊息上。舉例來說，如果我們是在同一個教室、有同樣吵雜聲音的背景裡考試，會比較容易記得在那個教室裡學過的東西（Bjork 2011, 14）。同樣的，當我們不是坐在上課的那個教室裡，有時候就會很難記住上課的內容。

當然，我們不想要依賴環境提示，因為這不僅不切實際，而且會大大誤導：如果我們在同一個背景跟環境重複測驗自己在那裡學到的某個東西，會讓我們過度自信，以為自己學習達標，因為我們無法設想，如果沒有環境提示會怎樣。然而日後當我們真正需要這些知識的時候，很可能環境提示並不存在。

會對真正的、有用的學習帶來幫助的，是把片段的訊息連接到大量有意義的脈絡中，盡可能愈多愈好，而這正是我們把卡片盒裡的筆記與其他筆記連接起來時，所做的事。特意製造這些連結的用意在於，為相互連結的想法與事實資料建造一個自給自足的網絡，也使得這些想法與資料成為彼此的提示。

我們今日的教育文化中，還是誤把填鴨教育當做學習方法。學習理論大師赫爾曼・艾賓浩斯（Hermann Ebbinghaus）有次想要探究學習與評量學習成果的基本原則，於是他刻意選取了一些無意義的訊息（例如隨機的字母組合），並且確認它們是真的沒有意義、不會附帶任何其他的意義。因為在他的理解裡，訊息的「意義」

會使得我們在學習時分心。但他不瞭解的是，他這樣做，其實是把「學習」這件事，從學習過程當中剝除了，因為學習就是在創造有意義的連結。

從演化的角度來看，我們的大腦天生就偏好學習有意義的訊息，而且會忽略無意義的字母組合。結果艾賓浩斯創建了一個影響深遠、持續長久的傳統學習理論：將理解跟學習分開。

我們對於記憶大師的崇拜，也可以用這個傳統學習理論來解釋。一個正常人可以長時間記得幾千個字、無數的資訊、大量的話題，還有名人、親朋好友、同事的姓名，這沒什麼稀奇。但是若有人能夠當場立刻記得一連串二、三十個看似無意義的訊息，那會叫人嘖嘖稱奇。

這個訣竅，當然絕不是用艾賓浩斯以為的學習方式去學習——他以為學習就是把訊息丟到我們的腦袋裡。記憶大師反倒是將意義賦予到訊息上面，並且用一種有意義的方式，把訊息連接到已知的連結網絡。某一個片段的訊息，可以提示出另一個片段訊息，然後就串成一系列或一整片的提示。這種記憶技巧算有用——假如你必須學習一些本身沒有什麼意義的訊息，或是和你已知的東西沒有邏輯性、有意義連結的訊息。不過如果你不想成為記憶大師，幹嘛去學那些沒意義的訊息呢？

記憶術這東西，在相當人為的情況下可以發揮作用，不過對於學術圈的寫作來說，我們並不需要這種技術，因為我們必須在有意義的脈絡裡面建構、思考。書目參考資料這些抽象的訊息，可以儲存在外部，背下來沒什麼益處。其他的訊息則最好都要具有意義。

因此，寫作跟學習的挑戰其實並不在於學習的過程，而在於理解，因為只要理解了，便已經學會了。問題在於，有時候某些內容的意義還不太明確，需要進一步探究。所以我們需要闡釋（elaborate）。闡釋是以有意義的方式，將某個訊息連接到其他的訊息。闡釋的第一步是要非常仔細思考某個訊息，讓我們能夠把它寫出來。第二步是去思考它還對於其他的脈絡有什麼意義。

換句話說，闡釋可視為一種「學習方法」。而闡釋這種方法已證明是比其他方法更有效（McDaniel and Donnelly 1996）。當然這也不是什麼新的見解。學者史坦

（Barry S. Stein）等人在審視一九六〇年代到一九八〇年代初期的不同研究後，總結道：「幾項近期的研究成果證實了以下假設，若學習者能以獨特的方式把記憶中的訊息加以闡釋，那麼就能增強他對該訊息的記憶。」（Stein et al. 1984, 522）

史坦等人以一個生物初學者來舉例，說明了這個現象真的很常見。假設此人正在學習分辨靜脈跟動脈有何不同：「他一開始可能覺得很難瞭解與記住，動脈的血管壁比較厚、有彈性、沒有瓣膜，而靜脈比較沒有彈性、血管壁比較薄、有瓣膜等等」（出處同上）。但只要針對這些差異稍做闡釋，問了正確的「為什麼」問題，學生便可以把眼前的新知識連結到自己先前學到的，像是心臟的加壓與功能。只要連接到「心臟會把血液打進動脈」的普通常識，學生立刻會瞭解，動脈的血管壁必須承受較大的壓力，所以會比靜脈的血管壁厚，而靜脈的血液流回到心臟是沒有那麼大的壓力。同理，瓣膜是有必要的，因為要防止血液倒流。一旦理解了，關於靜脈與動脈的特徵和差異就不可能混淆在一起。

正確的學習代表的是理解，而理解是指用有意義的方式，連接到已知的知識，

這樣一來，訊息幾乎不會被忘記，且只要有正確的提示加以觸發，便可以確實地回溯出來。此外，新學會的知識還可以為新的訊息提供更多可能的連結。如果把時間和精力放在理解上，那學習就是必然的。但如果把時間和精力放在學習上，而沒有試著去理解，那麼不只無法理解，還會學不到東西。而且效果只會愈來愈差。

因此，最優秀的科學家往往也是非常優秀的老師。例如費曼，不論他做研究還是教學，一切都跟理解有關。他著名的「費曼圖」是一種幫助人理解的工具。他的演講也很有名，因為可以幫助學生真正瞭解物理學。因此他一直很熱切地想要挑戰傳統教育的方法，這點也就不令人詫異了。他不能忍受教科書全是一些很虛的解釋（Feynman 1985），而老師則是為了想要讓學生更容易學習，採用虛無的「現實生活」中的例子，而不是用他們自己先前真正的理解，當做一個連結點（Feynman 1963）。

寫筆記，然後把它們存放到卡片盒裡，目的是要嘗試去理解某個事物所蘊含的更廣泛意義。卡片盒會促使我們問出大量需要解釋的問題：它的意義為何？它要如何連接到某事？跟某事差異在哪？它跟什麼類似？卡片盒並不是根據主題分類，原因是為了讓筆記之間可以積極建立連結。各種各樣的筆記之間都可以建立連結，只要連結屬於合情合理。這其實是個最佳解方，因為學校只會用妨礙學習的方式把內容灌輸給學生。通常學校都是用單元跟主題，分成一個個學科，跟其他的資訊獨立區分開來。卡片盒促使我們做的剛好相反：是去加以闡釋、理解、連接，進而認真地學習。

現在大家都知道了，過度井然有序會妨礙學習（Carey 2014）。而且我們也已知道，刻意地創造差異與對比，則可以促進學習。納特．科內爾（Nate Kornell）與比約克為了證明這點，於是採用一種實驗性的手法教學生認識不同的藝術風格。首先他們用傳統的方式，把屬於相同藝術風格的多幅繪畫展示給一批學生看。然後他們刻意打亂藝術風格，把不同的繪畫作品隨機給另一批學生看。看到「各種不同風格的繪畫混在一起」的那一組學生，反而更快學會如何分辨不同的藝術風格，而且能夠更正確地辨識出他們從沒見過的藝術家是屬於哪種風格。這顯示了與其用主題分類，還不如詳盡闡明筆記之間的差異和相同之處，這樣不僅可促進學習，還可以強化歸類的能力，以及創造合理分類的能力！

11.4 把永久筆記加入卡片盒

寫完永久筆記之後，接下來就是要把它們放到卡片盒裡。

1. 把寫好的筆記放到卡片盒裡直接相關的筆記後面，或者，如果不是針對某個特定筆記所寫的，就只要放在卡片盒的上一個筆記後面。編號也是接在上一個後面。若有必要另立分支，可在筆記軟體內完成，且日後隨時都可以把筆記放到其他筆記後面。每個筆記都可以放在各樣其他筆記後面，因此可以成為不同筆記序列的一部分。

2. 把連結加到其他筆記上，或把其他筆記的連結加到新的筆記上。
3. 確定新的筆記有出現在索引裡；如果需要的話，在索引裡增加條目，或者從已經連接到索引的筆記參閱。
4. 建立思維模型的網格。

12. 寫作成功步驟四：發展想法

每個筆記都是引用與向後引用系統裡的一個元素，而筆記的品質高低，關鍵在此。（Luhmann, 1992）

理想上，新的筆記會清楚載明，它是參照哪些已經在卡片盒裡的筆記。當然不可能永遠都做得到，尤其是一開始卡片盒裡的筆記還很少的時候，但是很快「新筆記載明它是參照哪些既有筆記」這個動作就會是必做的動作了。接著你可以把新的筆記直接放到現存相關的筆記後面。用筆與紙做筆記的魯曼，是把新的筆記放到現有的筆記後面，然後加以編號。如果現有的筆記編號是 21，那麼新的筆記就編為 22。如果已經有編號 22 的筆記了，他還是會放到標號 21 的筆記後面，只是把編號編為 21a。他交替使用數字與字母的方法，使他能夠在卡片盒內擴展出無限多的序列與子序列，而不需要有階層式的順序。

最初的子序列會吸引愈來愈多後續的筆記，隨著時間，它很容易會變為一個重要的主題，還有許多的子題（Schmidt 2013, 172）。有些筆記軟體如 Zettelkasten 則可以幫你更省事：它會自動編號，也會自動反向連結，讓筆記的順序可以在日後隨時建構，而且一個筆記可以同時加在不同筆記的後面。

這些筆記序列，即是發展為文本的基礎。它們同時結合了「摘要」與「按主題相關順序排列」兩者的優點。若只有主題相關的順序，就必須要從上到下組織架構，需要一個階層式的順序在前面。若只有摘要的順序，則無法讓想法聚合在一起，也無法由下而上建立主題。這些個別的筆記會像一個一個孤島似的，很像你的個人維基百科，但裡面沒有知識，也沒有維基社群的事實查核功能。

而順序鬆散的序列則可以在必要時自由地改變主題方向，且能提供足夠的基礎，持續建造複雜的內容。筆記的價值就取決於它們所嵌入的「筆記和引文出處構成的網絡」。

由於卡片盒筆記的作用並不是百科全書，只是一種思考的工具，所以不需要擔心它是不是夠完整。我們不必為了要填補筆記序列裡的空隙而書寫，我們書寫，是因為它對於我們自己的思考有幫助。我們真正必須要關心的空隙應該是我們最後完稿時，論述裡是否有漏洞。但這些漏洞其實在下一個步驟會變得非常明顯：在這個步驟裡，我們會把跟論述相關的筆記從卡片盒的網絡裡找出來，然後把它們按線性的順序一一放入初稿中。

卡片盒並不是只有一個主題的一本書，所以我們不必對它的內容全部加以概述。相反的，我們必須瞭解，我們無法對卡片盒的內容加以概述，正如同我們無法一邊思考一邊綜述自己的想法。卡片盒筆記就等同於我們記憶的延伸，是我們思考的媒介，不是我們思考的內容。筆記序列就是從一堆群聚起來的雜亂內容當中，逐漸浮現的順序。我們從不同的參考書目汲取訊息，加以混合，接著打散，直到新的組合模式出現。然後，我們把這些組合模式轉換為新的線性文本。

12.1 發展主題

把筆記放入卡片盒之後，我們需要確認以後還可以再找到它。這即是索引的功用。魯曼是用打字機在索引卡片上做索引。在筆記軟體裡則很簡單，可以把關鍵字像是標籤一樣加到筆記上，然後便會出現在索引裡。不過關鍵字要慎選，而且要精簡。魯曼只會把一、兩個（很少超過兩個）筆記的編號數字放到索引的關鍵字旁（Schmidt 2013, 171）。他之所以對於筆記的每個關鍵字都這麼精省（還有為什麼我們也應該要非常精選），原因即在於我們使用卡片盒的方式。因為卡片盒不應該是單純的儲存檔案（也就是我們只是把東西從放進去的地方拿出來），而是一種用來幫助我們思考的系統，「筆記之間的參照」要比「從索引找到某個筆記的參照」重要多了。把焦點只放在索引上頭，基本上意味著我們在最開頭便知道自己要找的是什麼，我們因此必須先在腦海裡有一個非常完整的規劃。可是我們使用卡片盒的最主要理由，不就是要讓我們的頭腦從整理組織筆記的工作中解放出來嗎？

檔案盒（卡片盒）能夠做的，絕對不只是提供我們想要的資料而已。它能夠出乎我們意料之外，提醒我們被遺忘許久的想法，並且引發新的想法。而它之所以能出人意料之外，關鍵就在於相互連接的筆記，而非我們在索引裡尋找某個特定條目。我們在卡片盒中找到的大多數筆記，都是透過其他筆記而找到的。而卡片盒裡的參照系統，作用可說是負責把整個筆記系統組織起來，因此索引提供給我們的就是「筆記的入口點」。而每一個切入點只要能夠提供我們幾則精選過後的筆記，那就夠了。我們愈快透過索引找到具體的筆記，就可以愈快把注意力從原本先入為主的想法，轉移到卡片盒裡相互連結、資料豐富的內容上，接著我們就可以跟卡片盒展開以事實資料為根據的對話。

我們不可能描述整個卡片盒的內容（正如我們永遠也不可能綜述自己所有的記憶），不過我們可以對某個特定主題產生概括的瞭解。但由於主題跟子題的架構還沒確定，只有我們思考的結果，因此主題與子題還需要不斷的考量與修改，而且我們也應該依據筆記（而不是依據一個後設的架構）來思考主題架構。但我們可以針對某個主題或子題，製作另一個暫時性的筆記，如果之後可以從索引那邊連接回來這個暫時性的筆記，那麼就證明這個暫時性的筆記是個不錯的入口（切入點）了。如果這個暫時筆記上的概述，無法正確呈現一個主題或一組資料的狀態，或者我們決定採用不同的方式來架構，那麼就可以重新寫個筆記，做出更佳的架構，並且從索引將個別的連結更新。這個步驟很重要，因為每次考量某個主題架構時，也就是對筆記的另一次評估，因為必定會有改變，而且取決於我們理解的進度。

一個人選擇關鍵字的方式，可以清楚看出這人是檔案管理員的思考方式，還是原創作者。這人想的是「怎麼存筆記」，還是「怎麼用筆記」？檔案管理員會問的是：哪個關鍵字最符合？而作家問的是：在哪種情況下，我會想要偶然發現到這條筆記，即使我已經忘了？這是至關重要的差異。

假設現在我想要新增一條簡短筆記，內容是：「特沃斯基（Tversky）／康納曼（1973）在實驗中證明，如果人把某事做了周延、具體的思考（而不是隨便想想），那麼會更有可能高估此事件發生的可能性。」關於這條筆記，如果你是用存檔的想法在思考，那就會覺得「誤判」、「實驗心理學」或「實驗」這類的關鍵字很適合，你會想到的一般類別將是「學科」、「科目」或「研究方法」。你不太可能會想「我以後要參照所有關於『實驗心理學』的筆記，寫出一篇文章，或者視需要回頭參考儲存於『實驗』檔案夾內所有的筆記」。當然，你也可能會想寫一本關於「誤判」的書，但你也不太可能把這麼多相關的筆記轉變為一個有架構的論述。

如果改以原創作者的角度思考，我們對關鍵字的想法便會不太一樣。我們會看看卡片盒裡現存的一系列想法，然後思考我們心中已有的疑問與問題，看看是否可以建立一條新筆記來加以處理。

例如你是專研決策的經濟學者，可能你會想到，偏好管理（preferences management）常導致「容易看到結果的案子」比「能獲利的案子」更受青睞。這時適合的關鍵字可能是「資本配置的問題」。若只放上這個關鍵字，那麼這個筆記就已經被放入一個特定的脈絡，賦予它特別的意義，並且會引發出特定脈絡的問題，例如：如果這是一種慣常出現的效應，那麼它可以被測量嗎？有人測量過了嗎？這個效應是否出現在現有可查的數據資料中，像是公開上市公司的市值嗎？如果有，那些產品容易具體視覺化的公司，是不是比產品或服務比較難掌握的公司，評估起來會更賺錢？如果沒有，是因為這個實驗的發現無法被推斷，還是因為這個已經眾所周知，所以很清楚，沒什麼好說了嗎？如果不是，那它是一個反對效率市場假說（Efficient Markets Hypothesis）的論點，或者只是一種不錯的說詞，讓你在股票市場上加碼？

透過這個關鍵字，你可能會偶然發現你已經做過關於資本配置的筆記了，這些筆記或者可以、或者不能回答上述問題，也可能會觸發新的問題。不過，或許你是個政治學家，你在讀這個筆記時，會把它當成對於以下這個問題的回答：為什麼某些議題在選舉時會被討論，有些不會，或者為什麼倡導容易加以視覺化的解決方案，會比真正有用的方案，在政治上更有效果。在這裡，適合的關鍵字或許應該是「政治策略」、「選舉」或「功能失調，政治」。

在設定關鍵字時，應該要著眼於目前自己正在研究或有興趣的主題，絕對不要只看這個單一的筆記。這也是為什麼設定關鍵字的過程無法自動化產出或交由機器或程式處理，因為需要經過思考。例如 ZKN3 軟體會根據現有的關鍵字、並審視你所寫文字中的關鍵字，來提供建議。這些建議應該視為一種警訊，而不是歡迎使用：因為這些建議是最顯而易見的想法，但很可能並不是最好的。好的關鍵字通常不會是筆記中已經出現的言詞。假設我有個筆記是「學者孔恩認為，特設理論（ad-hoc theories）突然增多是一個徵兆，代表常態科學階段已到了危急關頭（Kuhn 1967, 96）。」適合的關鍵字或許應該是「典範轉移」，但是這個詞並沒有出現在筆記中，所以電腦程式也不會建議。

設定關鍵字絕對不只是一個制式化的動作。它是思考過程中非常關鍵的部分，往往會導向更深入闡釋筆記內容，還會連接到更多其他筆記。

12.2 聰明做連結

在 Zettelkasten 軟體中建立連結很簡單。雖然筆記軟體會提出建議，例如根據相關的參考文獻來建議，不過若想做出夠好的交叉引用，還得經過認真思考。這也是發展想法時的一個關鍵部份。

魯曼使用了四種類型的交叉引用（Schmidt 2013, 173f; Schmidt 2015, 165f）。只有第一類與最後一類跟筆記軟體有關，其他兩類都僅是為了彌補使用紙跟筆手寫筆記所造成的侷限。如果你使用的是筆記軟體，可以不必管這兩個類型。

1. 第一類的參見連結，存在於那些「可讓你對某主題有概括瞭解的筆記」上。這些是從索引直接參照過去的筆記，通常被當做進入某個主題的入口點，而這個主題已經發展至某種程度，因此需要做個概述，或至少有個概述會很有幫助。在這樣的筆記上，你能夠收集到與這個主題或問題相關的其他筆記的連結，最好還有幾個簡單的文字，說明在這些筆記上要注意看什麼（一兩個字或一個簡單的句子便夠了）。這類的筆記有助於建構想法，可以視為是準備開始寫初稿的一個中間步驟。最重要的是，它們可以在卡片盒幫忙指引方向。你會知道什麼時候需要寫筆記。在這類做為入口點的筆記上，魯曼最多放了二十五個參見其他筆記的連結。這類筆記不需要一次就寫得很完整，因為連結可以隨後陸續加上去，而這也會顯示一個主題有機發展的過程。我們認為哪些想法與主題相關或不相關，都取決於我們目前的理解程度，所以必須要認真看待：因為它是以有多少事實根據來認定是否可以構成一個想法。我們認為與主題相關的想法，還有我們如何建構想法，都會隨著時間有所變化。這個改變很可能會導向到另一個筆記，上頭有著完全不同、更為合適的主題架構，也可以視為對於前一個筆記的評論。不過還好，這樣並不會使得其他的筆記顯得多餘。如同前述，我們要做的就只是把索引當中的入口點，改到這一條新筆記上，並在舊的筆記上面註明新的架構比較適合。

2. 另一個類似、但不是那麼重要的連結類型，存在於「概述卡片盒裡，相鄰筆記構成的群體」的筆記上面。如果你像魯曼一樣使用紙筆，才會需要這類連結。第一種類型的卡片大概描述了某主題下所有的筆記，並不考慮每個筆記在卡片盒裡的位置。第二類型的筆記則是一種很實用的方式，可以回溯所有在筆記中討論過的各個不同主題，因為這些筆記都是集中放在一起。魯曼會把某個卡片筆記放在另一些筆記之間，讓它們從內部發展出子題與次子題，但這樣一來原本想法的思路常會被數以百計不同的筆記給打斷。這個第二類型的筆記就是紀錄著原本的思路。當然，如果是使用數位化版本，是不需要這個類型的筆記。

3. 同樣對數位化版本不太重要的，是這些連結：註明這個筆記是要接在哪個現存筆記的後面，以及註明這個筆記是要接在某個現存筆記的後面。顯然這只跟要找出哪些筆記是互相銜接有關，即使它們物理上並沒有放在一起。

4. 最常見的參照形式，是單純的筆記與筆記間的連結。它們的功能就只是指明兩個各別筆記之間的相關聯結。把兩個相關的筆記連接起來，不管它們是在卡片盒裡的哪裡，或者是在不同的上下文脈絡裡，會創造出意料之外的新想法。這種筆記與筆記的連結就像是我們社交關係中的「弱連結」（weak links）（Granovetter 1973）：在我們認識的人當中，雖然有些不是我們第一時間會聯絡的人，但是往往他們能夠提供我們新的不同見解。

以上這些連結可以幫助我們發現到意想不到的連結，還會在看似無關的主題之間看出相似之處。或許模式無法馬上顯而易見，不過很可能在經過兩個主題之間筆記和筆記多次建立連接之後出現。在魯曼關於社會系統的學說裡有個重要的特點，就是在社會上不同的地方發現結構性的模式，可是他這個發現絕非巧合。舉例來說，他能夠證明，迥然不同的事物，像是金錢、權力、愛、真理與正義可以被視為「社會發明」（social invention），解決結構上類似的問題（它們都可以被看做是一種媒介，讓某些溝通更容易發生，參見 Luhmann 1997, 9-12 章）。一個人若是在一個把事情都以預設好的主題和題目清楚劃分的系統底下進行工作，那麼類似這樣的觀察就不可能會出現，也不可能加以闡釋。

有一點很重要，請謹記在心：做這些連結不是什麼例行事務，不是在做什麼卡片盒維護工作。尋求具有意義的連結，是從思考過程朝向完稿發展的過程中，極為關鍵的部分。不過這裡需要以非常具體的方式進行。與其在記憶裡搜尋自己記得的內容，不如仔細審視卡片盒的筆記，尋找關聯。從真正的筆記中搜尋，我們也比較不會在沒有什麼相關的地方憑空幻想出來連結，因為合不合理，從白紙黑字可以很清楚看得出來。

我們在做這些連結的時候，其實是在建造卡片盒的內部架構，用我們的思考使其具體成形。雖然這個架構是建造於外部，不是在我們頭腦的記憶裡，它相對地也會影響我們，幫助我們更有條理地思考。我們的想法將會根植於由事實論據、透徹思考過的看法、可以證實的參考資料等組成的網絡之中。卡片盒就像是一個見多識廣、但又腳踏實地的交流溝通夥伴，它會讓我們務實一些。如果我們想要塞給它太過玄虛的想法，它會迫使我們先確認一下：參考的資料是什麼？那要怎麼連接到你已經有的想法與事實？

12.3 比較、修正、區別

如果你使用卡片盒一陣子了，一定會有個刻骨銘心的發現：某個你本來想要加到卡片盒的絕佳新想法，其實早已經在卡片盒裡了。更慘的是，這個想法甚至不是你的，而是別人的。有同樣的想法，或者把別人的想法誤認為是自己的想法，是十分常見的。遺憾的是，大多數人從來沒有注意到這個令人羞愧的事實，因為他們沒有一個系統，可以看見哪些是別人已經想到的見解。如果我們已忘了某個想法，後來這個想法再次出現，此時大腦會非常興奮，彷彿我們是第一次有了這個想法似的。

所以，用卡片盒來工作雖會讓幻想破滅，但同時也提高了真正在思考上往前突破的可能性，邁向未知的境地，而非只是「覺得」好像自己有往前邁進而已。

有時候，面對以前舊的筆記可以幫助我們察覺到自己沒有注意到的差異。有些想法看起來相同，或略微不同，但卻具有關鍵性的差別。於是我們便能在另一個筆記上明確地探討這項差異。這點對於「有兩個作者使用同一個看法、只是方式些微不同」的場合格外有幫助。使用文字和想法來釐清差異，在非常嚴謹的學術研究工作中是很重要的部分，不過，若是你有個像卡片盒這樣吹毛求疵的夥伴，會輕鬆非常多。如果我們把寫下的摘錄或筆記放在不同的地方，這些差異將不容易看得出來，除非我們能把所有相關的筆記都同時記憶在腦海裡。

但如果筆記就在我們眼前，我們在嘗試把它們連結起來的過程中，將它們加以比較，就很容易夠找出這些細微但至關緊要的差異。我們的大腦非常擅長聯想，除了能夠在看起來不同的事物之間找到相似處與模式，也非常善於在看起來相似的事物之間察覺出差異點，但前提是這些資訊乃是以客觀公正、出現於外部的方式所呈現的。所以用眼睛「看到」相似與不同之處，會比光是用想的容易許多。

把筆記拿來比較，也有助於我們找出矛盾、悖論或對立之處，這樣可以大幅度幫助我們產生優質洞見。若我們看到「我先前把兩個互相矛盾的看法，都理解為同等正確的」，那我們就知道自己錯了，而這樣是好事，因為我們現在知道得要去解決。至於悖論，則是一種警訊，提醒我們可能還沒有把問題思考得夠透徹，或是對於某個典範已經窮盡它一切可能性了。最後，對立之處可以提供反差對照，幫助想法成形。美國精神科醫師阿爾伯特·羅森伯格（Albert Rothenberg）便建議，創造對立是產生新想法的一種可靠方式（Rothenberg 1971; 1996; 2015）。

持續地把筆記拿來做比較，也等於是不斷用新的角度檢視舊有的筆記。我常在增加了一個筆記後，同時引導我把之前的想法加以修正、補充完備或進一步擴充。有時候我們會發現，某段文字中所出現的原始出處並不是正確的。有時候我們會發現，這個對於某項研究的闡述，跟另一個闡述相互抵觸，使得我們才警覺到，這個研究是如此含糊不清，居然可以同時用來佐證兩種互相矛盾的闡釋。有時候我們會發現，兩個沒有相關性的研究，卻證實了同一個論點，此時就不是修正原先的想法了，而是代表我們可能會有新的發現。把新的筆記加到舊的筆記裡頭，然後進行比較，除了會使得研究的工作持續有進展，還常常會發現自己讀到的文本裡的缺陷。要彌補這樣的狀況，我們必須要做一個極其挑剔的讀者，對於從文本中擷取訊息要非常謹慎，而且還必須要常常檢查某個主張的原始出處。[33]

卡片盒不僅可以把「證明不成立」的資訊呈現在我們眼前，還有助於產生著名的「正面特點效應（feature-positive effect）」（Allison and Messick 1988; Newman, Wolff, and Hearst 1980; Sainsbury 1971）。這個現象是指我們常會過度誇大那些自己很容易（從頭腦）取得的訊息有多重要，並且把我們的思考偏向於最新獲得、但不見得是最相關的資料。如果缺乏外部的協助，我們將只會思考自己已知

33. 純粹只是好玩，你可以檢查一下前述杜伊爾與扎克雷謝克（Doyle and Zakrajsek）書裡的一些參考書目。我相信你不用搜尋太久，就會有令你驚訝的結果（Doyle and Zakrajsek 2013）。

的，而且是記得最清楚的。[34] 卡片盒會持續提醒我們那些遺忘許久、怎樣都不記得、甚至連找都沒找過的資料。

12.4 自組一個思考工具箱

只要使用卡片盒，我們便可以不定期地提取先前的想法和事實資料，並且將它們跟其他的訊息連接起來，這其實非常像專家推薦給大家的學習方式（Bjork 2011, 8; Kornell and Bjork 2008）。這也正是字卡（或稱閃卡，flashcards）背後的概念。不過，字卡雖然比死記硬背或複習課本內容有效多了，但還是有缺點：字卡上面的訊息既沒有經過闡釋，而且也抽離了上下文脈絡。每張字卡都是單獨存在，沒有與

34. 如果你知道這點，便不太會犯下這種判斷上的錯誤（Rassin 2014）。別客氣，不用謝我了。

學說框架、我們自身的經驗，或心智模型的網格這整個網絡連接起來。這不僅會造成學習更加困難，而且也很難以去理解訊息的含意與意義（參見 Birnbaum et al., 2013）。科學術語或概念只有在學說理論的脈絡裡才會有意義，否則只是字詞而已。

日常生活也是一樣。我們獲悉情況，或詮釋訊息的能力，都取決於我們是否有較廣博的知識以及我們是怎樣去搞懂它。科學和日常生活在這點上倒是相同且緊密關聯的。科學的研究工作要比外界所料想的更務實，也沒那麼受到學說理論侷限（Latour and Woolgar 1979），而且同時我們是運用科學的知識與理論，去理解我們日常周遭的事物。有些學說或理論模型令人訝異地什麼都可以套用，因此我們應該把一些有用的思考模型組裝成一個工具箱（Manktelow and Craik 2004），這樣可以幫助我們應對平常生活中遇到的挑戰，理解我們所學習跟遇到的事物。

查理．蒙格是巴菲特的事業夥伴暨波克夏．海瑟威公司的副董事長，他很重視擁有一個廣博的理論工具箱，目的不在於變成一個優秀學者，而是要充分務實地掌握外界現實。他主張要仔細尋覓每種學科中最為強大的思想，試著極為徹底地去瞭解，讓它們變成我們思維的一部份。當我們把這些思考工具結合在一起，並套用到自身的經驗，我們必然可以得到他所謂的「普世智慧」。重點是，在你的頭腦裡不是只有少數幾個思考模型，而是要有範圍廣泛的模型，否則就會有風險，變得太過於依賴一兩種思考模型，看到的都只有它們可以適用的事物。那你便會變成馬斯洛（Abraham Maslow）所說的，手上只有槌子的人，看到的一切東西都是釘子（參見Maslow, 1966, 15）。

蒙格寫道：「第一項原則是，如果你只想把各別的事實資料硬記下來，那你無法真正的理解。如果事實資料沒有緊密結合學理，你將無法使用它們。你必須在頭腦裡先有思考模型，然後把自己的經驗，不論是間接還是直接的，放進這個思考模型裡。你或許看過有的學生只是死記硬背，這樣的人不管是在學校還是人生都表現不佳。你必須要把經驗牢牢附著在頭腦內思維模型的網格上。」（Munger 1994）

真正有智慧的人並不是萬事皆知的人，而是能夠從詮釋系統的各種廣泛資源中擷取、把事情搞懂的人。這和一般人相信的、但不太睿智地認為「我們必須從經驗中學習」，有極為顯著的反差。從他人的經驗學習，效果會好很多，特別是當這個經驗已經過深思熟慮，成為應用廣泛的「思考模型」，可以適用於不同的情況。

當我們把儲存知識的任務交給卡片盒，還有在寫筆記、把筆記加入、連接起來的同時，也專注在想法背後的原理；當我們不採用最顯而易見的方式來詮釋某個筆記，反而是去尋找背後的模式，並且想得更廣遠；當我們試著理解某個事物，把不同的想法結合起來，並且發展出自己的看法；這時我們就真正做到了建立起一個「思考模型的網格」，而非只是「記得個別的資料，然後試著硬背下來。」

這個方法的優點在於我們是跟卡片盒一起成長：我們一面在頭腦裡建立同樣的連結，同時我們一面在卡片盒裡刻意培養連結，這樣使得我們更容易記住事實資料，因為它們現在已經有了一個我們可以應用的網絡。如果我們不是把學習當成「純粹累積知識」，而是嘗試去建立一個訊息可以應用的、學理跟思考模型的網絡，我們便會進入一個「透過學習，產生更多學習」的正向循環。

學者爾穆特・薩克斯（Helmut D. Sachs）是這樣解釋的：

從學習、記憶，以及在記憶的基礎上建造，我們打造了一個訊息互相關聯、豐富多元的網絡。當我們知道得愈多，有愈多的訊息（連結鉤）連接到新的訊息上，我們便愈容易形成長期的記憶，學習就會變得很有趣。這時我們進入了一個學習的正向循環，而且看起來我們的長期記憶的容納量跟速度，好像也跟著增加了。另一方面，如果我們無法記住自己學習的東西，原因例如是沒有使用正確的方式，那麼要以先前學習為基礎去學習新的內容，就會更加困難。愈來愈多的知識缺口就會變得非常明顯。由於我們無法確實將新的訊息連接到缺口上，於是學習成了一場苦戰，讓我們精疲力盡，毫無學習的樂趣可言。那就好像我們已經用盡了腦力與記憶力，此時你就進入了一個惡性循環。當然，我們追求的是正向的循環，所以，若要記住你學到的東西，你必須要建造一個長期記憶的架構。（Sachs 2013, 26）

他對於學習的建議，讀起來幾乎就像是我們對於卡片盒的操作說明：

1. 把注意力放在你想要記住的內容上頭。

2. 正確解讀你想要保留下來的訊息（這包含思考什麼是適合的提示）。
3. 練習回想。（同上，31）

我們不僅是在「把訊息連結到先前已有的知識、嘗試理解它更廣泛的含意（這個動作就是闡釋）」的時候學習，也會在以下的時候學習：在我們試著於不同的時間點（間隔）、不同的脈絡裡（變動）回憶、提取訊息的時候。此時若有機運的幫助（情境干擾）跟刻意的努力（提取記憶）當然會更理想。卡片盒不僅是以這種實證有效的方式提供我們學習的機會，而且只要我們使用它，它就會引導我們完全按照建議去執行。我們必須要把自己讀到的東西加以闡釋，才能夠寫出來，在不同的脈絡裡表達出來。無論何時，只要我們想把新的筆記連接上舊的筆記，都可以從卡片盒裡提取訊息。只要這麼做，我們便能不定期把脈絡混合，把筆記像洗牌一樣重組，將訊息回溯提取。而且在這整個過程中，我們又進一步闡釋了訊息，這樣我們永遠都可以任意地回溯出來。

12.5 把卡片盒當做一個產生創意的裝置

創意只是把事物連接起來。當我們問那些創意十足的人，他們是怎麼辦到的，他們反倒會覺得不好意思，因為他們並沒有真正做什麼，他們只是看到了什麼。（賈伯斯 Steve Jobs）

科學界有很多令人振奮的故事，讓我們相信，偉大的見解都是來自於靈光乍現。例如，華生與克里克（Watson and Crick）是突然有個想法，認為DNA應該是雙股螺旋的形狀，或者，在凱庫勒（Friedrich August Kekulé）的故事中，據說他是夢到了一條蛇咬住自己的尾巴，才突然在眼前看到了苯的結構。

不過，華生與克里克，或者凱庫勒（他們可不是隨便的路人）之所以會有這些創見，是因為他們已經長時間努力思考這些問題，修正了其他可能的解決方法，窮盡各種其他方式來檢視問題。上述這些故事雖然動聽，卻讓我們忽略了一個事實：

所有好點子的產生，都需要時間。即使是剎那間的頓悟，通常也經過一段很長、很認真的準備過程。

科學史作者路德維克・弗萊克（Ludwik Fleck）寫道，瞭解問題，還有熟悉我們研究時所使用的工具和方法（最好達到精湛的地步），是發現事物內在潛力的先決條件（Fleck 2012, 126）。這點也可適用到純學術的研究工作。研究學術時，我們需要累積經驗，直到我們對於正在研究的問題與疑問能夠摸索出一些頭緒，即使是存放在檔案裡的文字、概念和筆記也可以。

透過不斷練習所學到的東西，會比「單純寫下來」更為透徹，更為豐富。就是因為這個緣故，所以純學術的工作不能簡化為外顯的、隨時可獲取的知識。使用卡片盒時更是如此。透過練習獲得的知識會產生直覺，引領我們找到新的見解。我們或許無法講清楚為什麼採用這個、而不是另一個想法會比較有希望發展下去，但根據經驗我們就是知道，這樣便足夠了。實驗科學家通常會形容說，他們做決定的過程是靠直覺（Rheinberger 1997），這點在社會科學界應該相同。或許在社會科學領域，這點比較難以被接受，因為自然科學家好像不太依賴抽象、模糊的直覺。其實「直覺」與「理性和知識」並非對立，它反倒是我們腦力整合、實踐的那一面，是經驗的沉積，而我們在上面建立起自己明確清晰的知識（參見 Ahrens 2014）。

史蒂文・強生（Steven Johnson）寫過一本深具啟發的書，是關於科學界人士與一般大眾如何產生全新的點子，他稱之為「緩慢的預感」。要利用這份直覺，必須先做好準備，因此他特別強調要有實驗性的空間，讓點子可以不受拘束地混合在一起，這點非常重要（Johnson 2011）。在一個實驗室裡的夥伴若都能接受新想法，就能夠成為這樣的空間，很類似以前巴黎的咖啡館，知識份子與藝術家在一塊隨心所欲暢談自己的點子。我認為卡片盒也是像這樣的空間，因為想法可以在裡頭無拘無束地混合在一起，因此能夠產生出新的想法。

很多時候，具有創意的點子並不是突然出現，而是漸進式的逐步改善修正。即使是開創性的典範轉移，往往也是整合了許多方向正確、小步邁進的結果，而不是一個大點子突然出現。這是為什麼尋找細微的差異很重要的原因，這是要在看起來類似的概念之間，找到差異之處，在看起來不同的想法之間，找到連接點。可說是個非常重要的技巧。在以往，這甚至就被定義成「新的」——拉丁文中的 novus（英文 new 的字源），最早的意思是不一樣的、非同尋常的，而不是「嶄新」未曾聽聞（Luhmann, 2005, 210）。若眼前能看得到具體的筆記，且能直接加以比較，會比較容易找出差異，即使是細微的差異。（這就是原始卡片盒的優點，因為你可以把一大疊筆記拿出來攤在桌上，而不是在電腦螢幕上看。）神經生物學家詹姆斯·祖爾（James Zull）指出，「比較」是我們天生的一種感知能力，我們的認知解讀跟眼球轉動是同步運作。因此做比較的時候，別忘了要有眼睛的動作。

甚至當我們專注在一件事情上時，也是在做比較：「專注並不是指把注意力放在一個焦點上而已。我們的大腦已進化到能夠透過以下方式觀察細節：將注意力從某一個想法轉移到另一個想法上，還有重複掃視周遭的事物。大腦在掃視的時候，會比在專注的時候，更有可能注意到細節。」（Zull 2002, 142f）這就是為什麼當我們在眼前「看著」要思考的東西時，思考效果會比較好。因為這是我們的天性。

12.6 在卡片盒裡思考

有創意的人善於辨識出相關性、找出關聯與連結，並且以新穎的角度看事情，也就是說，他們會看到別人所看不到的。（Andreasen 2014）

把筆記做比較、找到差異，以及加以連接，是好的學術類寫作的基礎，接著再盡情發揮、修正想法，就能夠引導出獨特的見解，寫出卓越的內容。

要能夠不受拘束地發揮想法，首先必須要透過抽象化（abstraction）和再度具體化這兩個動作，將想法從原本的脈絡中解放出來。當我們在寫文獻筆記、並且將它們轉入卡片盒裡不同的脈絡時，我們就是在做這件事。

一般人不太重視抽象化，大家比較讚賞的是實際具體的東西。抽象化的確不應該是思考的最終目的，但它卻是一個重要的中間步驟，讓各種不同的想法可以相容。如果達爾文當年沒有將他對於雀鳥的具體觀察加以抽象化，他永遠不會發現適用於不同物種的演化通則（理論），也永遠無法瞭解到，演化是如何發生在其他的物種上。

抽象化也不是需要產生洞見的純理論——學術過程專用，我們每天都需要將各種情況加以抽象化。只有透過抽象化和再次闡明，我們才能將想法應用在現實裡特定和永遠在變化的各種情況中（Loewenstein, 2010）。

即使是屬於非常個人、內在的經驗，例如藝術的體驗，也需要抽象化。羅密歐與茱麗葉的故事之所以感動了我們，絕非因為我們是那兩個維洛納世仇家族中的成員，而是我們把時間、地點、特定背景等等加以抽象化，直到我們彷彿與故事中的角色相遇，把我們的情感體驗與舞臺上的劇情產生共鳴。若將抽象化與務實相提並論，或是把抽象化跟唯智主義聯想在一起，或是將抽象化與具體解決方案來做對照，都會令人產生極大誤解。

針對有創意的工程師所做的研究顯示，遭逢困難時找出有創意、有效、實用的解決方案的能力，就等同於抽象化的能力。工程師愈擅長將特定的問題加以抽象化，解決方法也會愈切合實際需要，即使工程師進行抽象化的對象是問題本身也一樣（Gassmann and Zeschky, 2008, 103）。抽象化也是分析與比較概念、進行類比，還有將想法結合起來的關鍵，尤其是要做跨學科研究時更是如此（Goldstone and Wilensky 2008）。

能夠把想法抽象化和再度具體化，這還只是其中一面。在另一方面，如果我們沒有一個固定的系統讓我們可以練習，那也無法發揮什麼作用。若是使用卡片盒，使用具體、規格一致的卡片，我們便能夠拿出卡片，清楚地擺放出來，把想法加到各種不同的脈絡裡，並且進行比較，然後用有創意的方式組合起來，而不會忽略了它們真正記載的內容。

創意不是規則，無法傳授；創意不是計劃，無法按部就班達成。不過我們可以確定，工作的環境可以讓我們以有創意的方式運用想法。它還有助於我們留意到某些可能可以引發創意、解決問題（但卻是違反直覺）的想法。在我們真正開始寫作初稿之前，值得在此繼續深入討論創意。

獨立思考的真正敵人，不是外部的掌權者，而是我們自己的惰性。能否產生創新的想法，跟破除舊有的思考模式比較有關，而不是儘量產生愈多想法愈好。我並不是建議大家跳脫「卡片盒」來思考，而是要把卡片盒當成一種工具，幫助我們打破自己原本的思考習慣。

我們的大腦喜歡例行常規。當新的訊息出現，迫使大腦對某個事情以不同角度思考之前，大腦會先設法讓這個新訊息符合已知的知識，或是乾脆讓新訊息從我們的感知當中完全消失。平常我們甚至察覺不到大腦正在調整我們的周遭事物，以便讓訊息符合預期。

因此，我們需要一套策略來打破慣性思考。在著名的《原來數學家就是這樣想問題》（The 5 Elements of Effective Thinking）書中，兩位數學家柏格（Edward B. Burger）與史塔博德（Michael Starbird）介紹了不同的方法，教讀者如何辦到

（2012）。有些方法已經應用在卡片盒裡了，有些則特別值得注意。

舉例來說，他們強調「反饋循環」很重要，而我們也必須想辦法看到自己的錯誤、過失與誤解。這些都是卡片盒內建的特點。而高效率思考者還有一個重要的習慣，那就是專注於細節背後的重要想法，掌握事物的要點。這也是卡片盒可以驅使我們去做的事。

還有一個思考建議，雖不是卡片盒擁有的特點，而且聽起來有點老套，但卻很重要：請確認你真的有看到你以為自己有看到的東西，盡可能明確無誤地描述出來，如果需要的話，可以再次確認。要做到「真正看清眼前的東西」，不太容易，這是專家才有的特質，因為我們的認知能力並不會遵循「先看到、然後再詮釋」的規則，反而「看到、詮釋」是同時運作的。換句話說，我們在感知到某個事物是什麼的同時，我們的詮釋也瞬間產生。這也是為什麼我們很難跳脫視覺陷阱的原因：如果我們看著一幅三度空間的畫，除非受過特別的訓練，否則我們無法看到線條跟圖形的安排。我們甚至沒注意到，自己漏掉了什麼，就像我們看到的一切都有個盲點存在。我們看事情，都是立刻看到整體樣貌，其他的（包含再次詮釋或察覺遺漏的部份）都是後續才會發生，因此為了幫助我們看見自己沒看到的部份，我們需要一些技巧來克服。

在閱讀的時候也是一樣：我們並不是先看到紙上有一行行的東西，然後才瞭解到這些是字詞，接著用這些字詞組成句子，最後才去瞭解它們的意思。我們是當下立即從理解意義的層面上進行閱讀。因此，若要真正理解一段內容，便必須對我們第一次的詮釋持續進行修正。我們必須訓練自己，漸漸習慣於去看到上述的這種差異，並且克制自己根深蒂固、直接跳到結論的衝動。**要能夠「真正」看見自己看到的東西，而不是我們「預期」看到的東西，的確需要技巧，並非只要具備「心胸開放」的人格特質即可。**那些自認為自己是心胸開放的人，往往更會堅持自己一開始的理解，因為他們相信，自己完全沒有任何的偏見，所以也看不出自己是需要做些平衡。如果我們以為自己可以自我克制，暫時不做出詮釋，那我們其實是在欺騙自己。

儘管持續地將筆記拿來做比較，可以幫助我們找出它們的差異，卻沒有什麼技巧可以幫助我們看到漏掉的部分。不過我們可以養成一種習慣，就是常常自問：是否有什麼是我沒看到、但卻是相關的？這個習慣當然也不是我們生來便會的。

使用這項技巧的代表性人物是數學家亞伯拉罕・沃德（Abraham Wald）（Mangel and Samaniego 1984）。二戰期間，英國皇家空軍請他評估飛機機體最常中彈之處，這樣便能在那裡加裝更多的防護裝甲。但沃德並沒有去計算返航的飛機身上哪裡中彈，反而建議在返航飛機上完全沒有中彈的地方加裝裝甲。因為英國皇家空軍忘了把「沒有看到」的飛機考量進去：這些飛機再也回不來了。

英國皇家空軍其實陷入了一個思考上常見的錯誤，也就是所謂的倖存者偏差（Taleb 2005）。那些沒有返航的飛機，是因為它們最該被保護的地方中彈了，例如油箱。至於那些返回的飛機，身上的彈痕只能顯示出比較無關緊要之處。

產品開發者常常會犯這個同樣的錯誤，有時令人不禁懷疑他們是故意的。行銷專家羅伯・麥克麥斯（Robert McMath）曾想整理歷年來上市的超市商品系列，做到一半他發現，最後的結果絕對是「哪些商品曾失敗過」的統計表，因為歷來生產過的超市商品當中，絕大多數都失敗了。因此他認為，產品開發者應該常去參觀博物館，在那裡可以看到許多失敗的例子，免得自己重蹈覆轍。只可惜產品開發人員沒興趣從其他人的失敗經驗中學習。通常，這些公司也不會紀錄自己嘗試失敗的經驗，因此麥克麥斯才會蒐集到這一系列失敗商品名單，而且發現同樣類型的錯誤會以各種不同樣貌不斷出現，有時候還是同一家公司每一代的產品開發者都犯了同樣錯誤（McMath and Forbes 1999）。

奧利佛・柏克曼（Oliver Burkeman）在他的《樂觀病》（The Antidote）一書中，敘述了西方文化對成功的重視，以及我們如何忽略了從失敗中學到教訓（Burkeman 2013）。他以管理大師的傳記為例證明：縱然大師們都有些挫敗的軼事，但往往只是當成插曲，穿插在他們成功的偉大故事裡（可惜失敗的管理者大多不會出版傳記）。如果我們想從這些傳記學到什麼，讀到最後可能會以為「努力不懈與非凡的領導力才是成功最重要的條件」——雖然這些正好也是把計劃完全搞砸所需要的條件（柏克曼在這裡引用的是牛津大學教授傑克爾・鄧瑞爾 Jerker Denrell 的論點）。

很顯然，在研究方面也是一樣：我們在努力想出可以發揮的新點子之際，若能同時知道哪些已經證實沒什麼搞頭，那麼會對我們有非常大的幫助。

為了處理上述問題，**方法之一是提出「反事實思維」，像是「如果……那會怎樣？」**（Markman, Lindberg, Kray and Galinsky, 2007）。要瞭解貨幣在社會裡具有什麼功能，如果我們思索的是「外來者要如何不使用貨幣而換到貨物」，會比起只著眼於「以貨幣兌換為基礎的社會，會出現什麼顯著問題」，要來得容易理解多了。有時候，重新發現我們已經有解決方法的問題，比起只去思考明顯擺在眼前的問題更加重要。

無論如何，很少有直接可以解決的問題。很多時候，讓進度向前推進的最關鍵一步是要如何重新定義問題，讓既有的解決方法可以運用得上。第一個疑問永遠都是直接與問題本身有關：用這個方式提問，你期待會有什麼樣的答案？會遺漏什麼？

另一個看起來很普通的方法，則是跟卓越思想家的一個顯著特質有關：**認真看待任何簡單的想法**。例如，請試著思考一下關於逢低買進、逢高賣出股票這個看法。

這道理我相信人人都懂，但是懂得某個想法，並不代表真的理解。如果你按照這個「見解」去買股票，你能做的恐怕只有期盼股票在你買了之後上漲，這簡直就像是在輪盤賭桌上猜顏色似的。

若你能理解「買股票，就是讓你成為某公司的一部份」，便前進到達理解的下一個階段了。買房子的人，並不會認為自己擁有的是那張契約，但很多人卻是用這種理解在買股票。他們沒有好好思考，自己花了這個錢，買到的是什麼，他們只是理所當然以為，自己買的時候的價錢比前一天還低，那就有賺到了。但巴菲特心裡唯一思考的，只有價錢與價值之間的關係，他甚至連昨天的價錢如何都沒在看。他瞭解「簡單不等於容易」，而且最糟糕的是把簡單的事情無故變得複雜。一張股票是公司裡的一個股份，價格由市場制定，也就是由供需而定，這涉及市場參與者的理性，還有對於估算價值的疑問，意思是你必須要瞭解自己正在考慮投資的這家公司，包括競爭性、競爭優勢、技術方面的發展等等。

把事情搞得比原先還複雜，會讓我們看不見簡單事實背後蘊藏的複雜性。這便是二〇〇八年金融危機所發生的事——經濟學者們發展出一堆複雜無比的金融商品，卻沒有考量到一個簡單的事實：價格與價值並不一定是相同的。這是為什麼巴菲特不只是一個偉大的投資者，他還是一位偉大的導師：他不僅對於所有與產業相關的事情瞭如指掌，而且還能夠用簡單的話語來解釋。

有時候在科學上的突破性發展，是在看起來非常複雜的進程背後，發現到某個簡單的原理。《原來數學家就是這樣想問題》一書當中說到了多年來人類的飛行史：先模仿鳥拍動著像翅膀一樣、上面還有羽毛等等的裝置，但是到最後才發現，根本不必去管羽毛等等的細節，翅膀巧妙的彎曲弧度才是唯一重要的事。

簡單的想法結合起來，可以成為一致的複雜理論。但複雜的想法無法做到這點。我們每天使用卡片盒，便能鍛鍊出這些重要的腦力技能：我們透過文字，把理解到的內容寫下來，放在眼前，來確認自己理解的內容是否真的是該內容所講的。我們在空間方面的限制，讓我們學會專注在想法的重點上面。我們把自己的想法寫下來時，等於是在培養一種習慣，常常去思考有什麼是漏掉的。而且當我們把筆記存放到卡片盒裡、並跟其他筆記做連結的時候，也能夠練習優異的提問技巧。

12.7 在侷限中催生出創意

對使用者來說，卡片盒其實有些限制。相較於選擇各種精美別緻的筆記本、紙張、筆記格式、可提升產能的工具來做筆記、學習、進行學術類或非虛構類的寫作，在簡單的卡片盒系統裡，一切都簡化為單一的純文字格式，放置在一起，毫無花俏的裝飾。即使是筆記軟體，基本上也是模擬一個木頭盒子，裡面全是簡單、連續編號的文件。

還有，軟體雖不像紙本筆記，有空間長度的限制，但我還是強烈建議，要把數位版的筆記當做「空間有限」。儘量要求自己統一使用一種格式，這樣等於規定自己每個筆記只寫一個想法，強迫我們盡可能精簡扼要。「每個筆記只有一個想法」

這種限制，也是個先決條件，可讓筆記之後可以自由組合。魯曼則是在A6的紙上寫筆記。使用筆記軟體時有個不錯的經驗法則可供參考：每條筆記的長度，範圍應該就是螢幕大小，無須再往下捲動。

我們處理自己的文獻跟思維的時候，也要使用統一標準化這個原則：文本或想法有各種不同類型，與其使用不同類型的筆記或技巧，不如像卡片盒系統，使用同一種簡單的格式。文獻可以濃縮成一條筆記，像是：「第X頁寫道……」，然後跟參考資料存放在同一個地方。想法與見解都是紀錄在卡片盒裡的筆記上，而且也都是在同一處、用同樣的方式加以連接。這些標準化的動作可以讓筆記在技術層面變得具有習慣性——對我們的大腦來說是個好消息，不必去想要怎樣架構組織，因為我們的腦力資源很珍貴，大腦應該去思考真正重要的問題：也就是那些跟實質內容有關的問題。

卡片盒的限制，好像跟我們的直覺相反：選擇愈多不是愈好嗎？有愈多的工具可以選擇，絕對比沒什麼可以選擇更好。但是，「不必做選擇」才是真正的大自由。

貝瑞・史瓦茲（Barry Schwartz）在他的著作《選擇的弔詭》（Paradox of Choice）中列舉了很多例子，從逛街買東西到選擇工作、談戀愛，說明了如果降低選項，不僅可提升我們的效能，還可以讓我們更自由，更能夠活在當下，享受人生（Schwartz, 2007）。不必做選擇可以釋放出大量的潛能，否則這些能量會在做選擇的過程中被浪費。學術類的寫作絕對應該要被列入史瓦茲的案例當中，因為也是愈少選擇愈好。

表面上看來，卡片盒裡的統一格式違背了我們想追尋的創意。但實情可能恰好相反。在受條件限制下，思考與創意依舊可以蓬勃發展，而且有很多研究支持這個論點（請參見Stokes 2001; Rheinberger 1997）。科學上的革新都是從實驗的標準化與控制開始，這樣實驗才能夠比較、能重複（請參見Shapin, 1996）。

詩詞創作也是個例子。詩詞有節奏、音節或押韻的限制。像日本俳句在格式上有特定的要求，但不代表它們在詩句的表現上也會受到限制。而且還剛好相反，正是因為有嚴格的格式規定，才使得它們能夠超越時間和文化。

語言在很多方面也是經過極度的標準化與限制。英文限制在二十六個字母裡，但想想這種語文能使我們做多少事！我們可以寫小說、理論、情書或法院判決，全部都在這二十六個字母的排列組合內。沒人讀書的時候會期待書中出現各種不同語言的字母，也不可能因為書中「只有這二十六個字母的組合」而感到失望。[35]

一個清楚的結構組織，可以讓我們真正去探究事物內在的各種可能性。即使要摒棄傳統常規，也得依賴結構組織。畫布的限制並不會讓畫家的藝術表達受到限制，反倒可以開啟藝術家創新的可能性，例如盧齊歐・封塔納（Lucio Fontana）直接割破畫布，而不是在畫布上面作畫。並不是「愈複雜的架構就能提供愈多的可能性」。恰恰相反。二進位碼要比字母的限制更嚴格，因為只有兩種狀態，不是一就是二，但它卻開創了前所未見、各式各樣具有創造力的可能性。

總之，對創意和科學發展造成最大威脅的，是缺乏架構與限制。若沒有架構，

35. 或許我個人最愛的TripAdvisor review的作者會是例外。他寫過一家我曾造訪過的博物館（而且我很喜歡這個博物館），他這麼描述道：「這個博物館裡面其實沒什麼好看的。就只是幾個建築物，還有掛在牆上的畫而已。」（請Google: User Ondska Museum Puri Lukisan）

我們無法區別各種想法之間的差異，無從加以比較或進行實驗。若沒有限制，我們永遠無法促使自己做出決定，去選擇那些值得發展的，放棄不值得發展的。最不利洞見產生的環境，就叫做「什麼都無所謂」。而卡片盒說穿了是一種工具，迫使我們做出區別與決定，並且讓差異之處顯現出來。可以確定的是，一般人都以為我們應該拋棄限制，讓自己更「開放」，才能有更多創意，這種想法其實是非常誤導人的（Dean 2013, 201）。

13. 寫作成功步驟五：分享見解

寫作本身會讓你瞭解事情哪些部分有漏洞。我對自己的想法從來都沒什麼把握，要等看到自己所寫的東西才會確定。所以我相信，縱使你天生很樂觀，當你坐下來準備寫一個故事、一段文字或一個句子時，你內在分析的部分便會開始冒出來。你會心想，「喔，那樣不行。」然後你就得回頭，整個重新思考。（Carol Loomis）[36]

既然寫作只不過是把初稿拿來改一改，而初稿不過是把筆記組合成前後連貫的文本，筆記則是每天都在寫、做連結、做索引、編入卡片盒內，那就不必擔心要寫

36. http://longform.org/posts/longform-podcast-152-carol-loomis

什麼題目了。只要翻翻卡片盒，看看有哪些主題的筆記已經群聚起來便行了。這些筆記群就是你最有興趣的東西，所以你就知道，自己已經找到可以寫的題材了。現在你可以把這些卡片攤開放在桌子上，簡要敘述你的論點，並且架構初步的段落或章節順序。這樣會讓還未獲得解答的問題突顯出來，也會顯現出論點中需要填補的漏洞，讓還需要修補的部分清楚易見。

觀點會隨時間不斷改變，但此刻你已不是要去理解另一個作者論述裡的看法，也不是要去卡片盒裡尋找各種的連結，而是要發展出一個論點，然後帶進前後連貫的文稿中。這時與其擴大視角、儘量找到一個能夠提供多種可能思維的想法，倒不如縮小觀點，決定一個題目就好，把其他所有跟內容發展與支持主要論點沒有直接相關的東西統統摒除。

13.1 從腦力激盪到卡片盒激盪

記住這個教訓：「不要因為一個想法或事實很容易取得，就覺得它們特別有價值。」（查理・蒙格）

每當有人在煩惱要怎樣找到好題材來寫時，其他人便會提議進行腦力激盪。腦力激盪給人好像很現代的感覺，其實早在一九一九年，亞歷克斯・奧斯本（Alex Osborn）已經提出過這個東西，而且在一九五八年時，查爾斯・克拉克（Charles Hutchison Clark）還寫了一本書叫《腦力激盪》（Brainstorming: The Dynamic New Way to Create Successful Ideas），介紹給更廣大的讀者群眾。

對很多人來說，腦力激盪仍舊是產生新點子的最佳方法。我倒是建議把它視為一種過時的執念，跟我們教育體系堅持用死記來學習一樣，沒有使用外部的工具來幫助思考。測驗學生有沒有記住學到的內容，並無法證明他們是否真的理解，而且，在腦力激盪時，有人會產生一大堆想法是沒錯，但也沒法證明這些點子有多棒。

我們想要尋找的題材，是那些重要、有趣、又可以使用我們現有素材來處理的，但我們的大腦卻是優先思考「當下較容易獲得」的題材。顯然這兩者並不相關。大腦比較容易記得近期獲得的資訊，因為會有情緒的感受附著在上面，所以這些資訊很生動、具體、明確，順口就可說出來。（Schacter, 2001; Schacter, Chiao and Mitchell, 2003）相對來說，抽象、模糊、不帶什麼情感，或者聽起來沒那麼好的訊息，重要性便會被大腦排到比較下面去，這實在不是一個評判有無使用腦力的最好準則。

更糟的是，我們會最偏好自己一開始的想法，而且不論實際上有沒有相關，都非常不願意放棄（Strack and Mussweiler 1997）。還有，若你為了克服腦力激盪的侷限，於是想找一大群朋友一起來腦力激盪——勸你算了吧，愈多人在一起腦力激盪，通常產生出好的想法會愈少，而且無意間還會自我設限，使得題目範圍變得更限縮（Mullen, Johnson, and Salas 1991）。[37]

只有那些「認為寫作是一個單獨的任務，與生活中其他事區別開來」的人，才會煩惱找不到適合的題目來寫。對於我們這些卡片盒的使用者來說，不會有這個問題。那些只仰賴自己頭腦的人首先會問自己，然後問老師說：我讀了這麼多東西，我該寫什麼才好？但我們這些採用聰明的卡片盒筆記法來寫筆記、收集筆記的人，在寫筆記的同時也等於在做研究，當然不需要什麼腦力激盪。我們只要看看自己的卡片盒，如果先前我們已經有個不錯的想法（當然更有可能的是，我們在最近幾個月的過程中已產生了不錯的想法，而不是在幾分鐘之內突然出現的想法），那題目就會在那裡了。它甚至很可能自身便已經證明是個值得發展下去的想法，如果是這樣，那它便已經跟可以做為支持的素材連接起來了。親眼看到已經可以運作的東西，

37. 不過你可以這麼做來避免這種情形發生：讓所有人自己去腦力激盪，之後再把每個人的結果彙整起來。

會比猜測什麼是可能發展下去的東西來得輕鬆多了。

我們不需要擔心要寫什麼的問題，因為我們已經回答過這個問題了：我們每天都在回答這個問題很多次。每當我們讀到某個內容時，我們都是在決定這東西是否值得記下來。每次我們在寫永久筆記時，我們也是在決定，這個內容裡面的哪些面向跟我們的長期思考、跟我們想法的發展有關。我們一直都清楚知道，這些想法跟訊息是如何連接起來的，然後再以文字為形式，把這些筆記之間的連結記載下來。如此一來，我們會發展出清晰可見的想法群聚，此時就可以準備把這些想法謄寫成稿子的內容了。

這個過程會不斷自我強化。一個明顯可見、已經發展出來的想法群聚，將會吸引更多的想法，提供更多可能的連結，而這又會回過頭進一步影響我們要讀什麼跟思考什麼。它們成為我們每天工作的指標，指引我們找到值得思考的方向。寫作的題目是由下往上成形，並且在這過程中得到牽引。只要卡片盒的內容不斷增長，我們便能夠用一種務實的方式檢視卡片盒，讓自己的想法再回到令人感興趣的、還有我們認為有關的內容上，因為在卡片盒裡，我們可以清楚地看到，什麼是真正經過證實是會吸引人的，也可以在這裡找到我們派得上用場的素材。

我們一開始所做的決定——讓寫作成為我們心智活動的總成果，會徹底改變「找尋寫作主題」這件事。因為這時跟「找題目寫」比較無關，而是跟「該怎麼處理我們在書寫時產生的問題」比較有關。

如果我們在日常工作過程中不斷發現問題，就等於是讓大數法則幫助我們。事實上，很少有問題可用一篇文章、一篇論文或一本書來回答，因為有些問題範圍太大，有些範圍太小，有些無法用「合理可取得」的知識來回答。不過我們最常碰到的還是這種情況：我們沒有素材可以運用。那些從一開始便擬好計劃、已有了想法、知道要寫什麼的人，很可能寫到某個階段時就會遇到「沒有素材可用」這個事實。或許他們有辦法把原先不佳的思路方向修正個一兩次，但到了某個時間點還是得持續堅守他們所選定的主題，否則就永遠寫不完了。

可是在另一方面，我們是讓問題從卡片盒裡自然浮現，我們知道這些問題是在幾十個、甚至幾百個可能的問題中，經過測試與嘗試後，脫穎而出的。絕大多數的問題可能很容易可以回答，或者會自然消失（因為沒有相關的筆記群，原因可能出自沒興趣或沒材料）。這就是整個寫作過程的進展：是用嘗試錯誤法來進行，而不是事先計劃。

好的議題都具備這種特點：有價值（有用）、有趣、答案雖不太容易找到、但使用現有素材或我們能取得的素材就可處理。若要尋找一個好的議題，光用想的還不夠。面對一個議題，當我們對它所知還不夠多、無法正確判斷之前，我們必須先對它做些什麼，包含：研究問題、寫筆記、加以連接、找出差異點、做補充，還有闡明。而這些動作，正是我們聰明做筆記時所做的事。

13.2 從由上往下，到由下往上

從我們手上現有的資料去發展出書寫的主題和問題，有一個極大的好處：此時我們評估的資料，不是從虛無縹緲裡面生出來的，我們的資料早已經嵌入內容豐富的脈絡裡，而且附有我們可使用的素材。從我們手上現有的資料開始，還有另一個意想不到的好處：我們會更能接受新的想法。

我們愈能敞開心胸接受新的想法，就會愈熟悉先前已經遇到過的想法。這聽起來又有點不合理了。但科學史家會很樂意證實這一點（Rheinberger 1997）。只要略加思考就知道：如果沒有對我們已知的東西進行深度的闡明，我們恐怕很難看到侷限在哪裡、遺漏了什麼、哪些可能是錯的。對某個東西非常熟悉，可以使我們輕鬆以對，將它做出修正，或找到新的、不同的想法，而不是一直重複著舊有想法（卻還以為那是新的）。這也是為什麼當我們對某事很熟悉的時候，一開始可能會覺得很難從它產生新的想法。其實我們不知道，我們大部分的想法都不是真正「新」的。

我們對某事愈熟悉，雖然會以為它的創新性質下降了，但這才是我們真正能夠產出獨特新見解的時候。

雅各・華倫・蓋哲爾（Jacob Warren Getzels）與米哈里・契克森米哈伊（Mihaly Csikszentmihalyi）證明了上述道理同樣適用於藝術創作。今日已經很少有極具開創性的作品，是來自某個沒麼重要、但自以為創新能力過人的藝術家靈光乍現之後的創作。剛好相反。一位藝術家把愈多的時間傾注在探究藝術的「問題」上，他的解決方法日後將會被藝術專家認為愈具獨特性與創意性（Getzels and Csikszentmihalyi 1976）。

如果「心胸開放」是獨一的條件，那麼那些最優秀的科學家與藝術家就只是業餘愛好者了。傑若米・丁恩（Jeremy Dean）寫過不少關於慣例與儀式的文章，他建議大家把舊有的思考模式視為思考的慣例。他說的很對：如果我們甚至無法察覺到自己的思考模式，那就更不可能去打破它了。（Dean, 2013）。

13.3 跟隨你的興趣就搞定

「動機」是學生表現優秀與否的最重要指標，這點已獲證實。另一個指標是個人學習過程的掌控感。當絕頂聰明的學生課業成績一落千丈時，主要原因是他們不瞭解自己正在學習的東西有什麼意義（請參見 Balduf 2009），他們不知道正在學習的東西與自己的人生目標有沒有關聯（Glynn et al. 2009），或是無法用自己的方式去自主掌控學習（Reeve and Jan, 2006; Reeve, 2009）。

這些研究的發現，是支持學術自由的重要論證。最能激勵我們的，就是看見我們認同的計劃持續有進展。最讓我們挫敗的，就是卡在一個看起來不值得做的計劃裡。

如果我們還搞不清楚狀況的時候，就貿然投入一個長期的計劃，那麼很可能做一做就沒興趣了。但若能採用一個有彈性的系統，必要時隨時改變方向，就能夠大幅降低這個風險。

如果我們在每個步驟都自問：「此處讓人感興趣的點是什麼？」如果我們閱讀任何東西時都存著這個疑問：「這個重要嗎？值得記下來嗎？」那就可以避免只是依據自己有興趣的東西選擇訊息。藉由闡明自己讀到的東西，我們也可以發現自己從來不知道的觀點，找出自己感興趣的東西。如果我們在做研究的期間，興趣都維持不變，那就太可惜了。

隨時視情況而調整研究方向，這可說是一種掌控的能力，跟死抓著某個計劃不放而想要控制環境，是完全不一樣的。發現DNA結構的那個研究計劃案，一開始原本是為了要申請一個獎助金，該獎助金並不是要用來發現DNA的結構，而是要找到一種治療癌症的方法。如果當初華生與克里克兩位科學家堅持原本的初衷，則不但可能無法找到治療癌症的方法，也絕對無法發現DNA的結構，此時最有可能發生的情況是，他們對自己的研究失去了興趣。幸好他們沒有堅持原來的計劃，而是跟隨自己的直覺與興趣，不論何時，只要見到機會，就選擇那個最有可能獲得獨特見解的路徑。真正的研究計劃是在這一路走來的過程中展開的（Rheinberger

1997）。可以說他們在完成整個計劃案的當下，也完成了他們原本計劃所要做的。

能夠掌控好自己的工作進程，在必要時改變方向，這是做得到的，前提是我們必須把「寫出內容」這個龐大工作切分成比較小的、具體的項目——此時就可讓我們腳踏實地在期限前做完必須要做完的動作，然後再接著進入到下一步。這種能力不只會讓我們覺得有掌握感，更是以我們真正能掌控的方式設定工作節奏。我們愈能掌控「將工作導向自己覺得有興趣與重要的方向」這件事，就愈不需要動用意志力來把事情完成。進入這個境界之後，工作本身就是一種激勵的來源，而這點對於工作是否能持續下去，乃是至關緊要。

當人們體驗過「做選擇」的自主感，他們對於接下來的工作便會充滿幹勁。而自主選擇是否可以激發、提升我們在後續工作中自我調控力量？這個問題值得我們關注。舉例來說，在什麼樣的條件下，自主選擇可以提高人們在後續工作中的動力？在眾多可以激發自主選擇的因素當中，我們認為「選擇的特性」不可忽視。如果我們要從自己覺得沒價值、不重要、不相關的選項當中去選，此時就算背後無人強逼我們做出選擇，這種選擇依然不可能產生激勵的作用，反而可能磨耗我們的精力。另一方面，如果是從我們重視的選項中做自主選擇，那就會令人渾身帶勁。（Moller, 2006, 1034）

把工作架構好，我們就能掌控整個計劃，讓它朝最有前景的方向進行，這樣不僅讓我們擁有更長久的專注，還會有更多的樂趣。這已是事實了。（Gilbert 2006）[38]

38. 如果這還不能說服你，那麼或許這個事實可以：掌控感會讓你延年益壽（Langer and Rodin 1976; Rodin and Langer 1977）。相反的情況也一樣很容易理解：缺乏掌控感對於健康會有負面影響（M. G. Marmot et al. 1997）。關於這點，有個簡短的概論，請參見Michael G. Marmot 2006。

13.4 完成任務，檢視成果

完稿、修訂內容這兩個動作就沒有什麼好多說了，因為主要的工作已經完成了。**在此有個關鍵點：把內容架構好，並且保持彈性。**雖說卡片盒主要作用是在實驗與產生新的想法，但我們現在需要將自己的想法按順序連接起來。重點是要讓內容架構清楚明白。這不是指決定好哪些章節或段落要寫什麼，而是決定哪些東西不必寫進稿子裡的某個部分。只要審視架構（永遠是第一優先），就能夠看出某段訊息是否會在另一個部分提及。

這個階段的問題可說是「寫不出東西」的反面——我們現在的問題不是沒東西寫，而是有太多東西可寫，結果還必須克制衝動，不要一傢伙把所有東西都寫進去。

此時最重要的是要整理出一個單獨的、專為手上任務而劃定的空間，用來整理與這個任務相關的筆記。寫大綱的軟體可以幫助你發展初步的架構，同時又可以讓你保持彈性。文章的架構，當然也是組成該文章的一部份，因此在文章論點發展的過程中，架構也會不斷調整。等到架構不再有大幅變動，我們便能夠放心將它稱為「目錄」了。但此時最好還是把架構視為指引，而不是規定，這樣比較好。因為到了最後階段還在那裡修改章節順序，這也是常見的。

另一個關鍵點：請嘗試同時間進行不同的寫作計劃。儘管卡片盒對於撰寫完成一個專案計劃，已是很有幫助了，但它真正的強項會在我們同時進行不同的計劃案時，才會展現出來。卡片盒在某方面就像化學產業中所謂的「一體化」（verbund），它是一種體制，在這裡，一條產品線必然會有的附加產品，將成為另一個產品線的資源，而從這裡又會生產出新的附加產品，可以應用在其他的製程中，直到許多產品線組成一個具有高度效能的網絡。這時其他的單一製造廠就絕對沒有競爭的機會了。[39]

閱讀與寫作過程必然會產生許多意料之外的附加產物，但不是所有的想法都適

39. 第一個、也是最發達成熟的「一體化」組織是位於德國的路德維希港（Ludwigshafen）。它屬於巴斯夫集團（BASF），這是世界上最大的化學公司，也是持續獲利最高的公司之一，雖然它位於高度已開發的國家裡，要付出高額的薪資與社會保障（保險）費用。

合放進同一篇文章裡。我們獲得的資訊當中，也只有一小部份適合某個特定的計劃項目。

如果我們讀到了某個有趣的東西，但跟目前手上在進行的計劃沒有直接相關，我們還是可以把它用在我們正在進行、或以後可能會進行的另一個計劃案裡。那些讓我們卡片盒變得豐富的資料，日後都可能應用在我們的寫作文本上。透過聰明的卡片盒筆記，我們等於是順便蒐集了未來寫作計劃的材料。我們手上進行中的專案可能分別處於不同的完成階段，有些我們甚至都還沒注意到。但這樣很好，因為我們在寫手上這個稿子的同時，下一個報告或著作也有所進展，而且這樣可讓我們遇到瓶頸或覺得無趣時，還可以切換去做其他的專案。

曾有人問魯曼，為何他能夠這麼多產。他回答，他從來不強迫自己去做任何事情，他只做可以輕鬆信手拈來的事情。「當我卡住時，我就先擱著，去做別的。」當有人問他，遇到瓶頸時他會做什麼別的事情，他回答說：「那就寫別的書。我通常會同時間寫好幾個不同的稿子。我用這個方法，也就是同時間做不同的事，從來沒遇到過什麼心理障礙。」（Luhmann, Baecker, and Stanitzek 1987, 125-55）這個技巧就像武術：如果你遇到阻礙，遇到敵人襲擊，你不必直接對抗它，而是要把它引導至另一個有產能的目標上。卡片盒可以持續提供給你各式各樣的可能性。

13.5 放棄規劃，成為專家

最後，有個讓人不願面對的真相是：學生的規劃能力都很爛。心理學家羅傑・布爾勒（Roger Buehler）、戴爾・格里芬（Dale Griffin）與麥可・羅斯（Michael Ross）曾要求一組學生做以下的事情：

1. 務實地評估他們要花多少時間完成報告。
2. 當以下情況發生時，請預估自己還需要多久時間來完成

a. 如果一切都很順利，或者

b. 如果一切可能會出狀況的地方都出現狀況了。

有趣的是，大多數學生「務實」預估出來的時間，跟他們預估一切都很順利的狀況下所需要的時間差不多。光是這一點，他們就應該有所警覺了。不過當研究人員比對這些學生後來真正寫完報告的時間，發現學生們比自己預估的時間超出了非常、非常多。大多數的學生所用到的時間，甚至超過了他們預估的「最糟情況下所需的時間」（Buehler, Griffin and Ross 1994）。難道大多數人都碰到了超乎想像的天災人禍導致寫不完報告嗎？

心理學者對這個結果感到困惑，因為這些學生可以自由回答預估的時間，也就是說，給出過度樂觀的答案，並不會為他們帶來什麼好處。

一年後，在另一項研究中，心理學家更仔細探究了這個情況。在這次的研究中，學者要求同一批受試學生給出一些時間範圍：他們有50%把握能完成報告的時間範圍是什麼、70%把握的時間範圍是什麼，還有99%把握的時間範圍。這次學生依舊可以自由回答預估的時間。

想也知道，只有45%的學生能在自己預估的「不管碰到什麼事，在這個期限內我有99%把握能完成報告」時間之下，真的把報告寫出來（Buehler, Griffin and Ross 1995）。你可能會想，若是提醒學生們上一次他們的預測很不準確，或許學生這次的預估會不太一樣。研究人員是這麼想沒錯，但學生們證實學者想錯了：經驗似乎沒有教導他們什麼。

不過倒是有個令人寬慰的地方：這跟是不是學生無關，而是跟人性有關。即使是研究這個現象的研究人員（他們稱此現象為「過度自信的偏誤」overconfidence bias），他們承認自己也會犯同樣的錯誤（Kahneman 2013, 245ff）。

我們可以學到的教訓是，對於任何的規劃，我們都要抱持懷疑的態度，特別是如果只將規劃的重點放在結果上，而不是真正為了達成目標所需要的過程與步驟上。雖然幻想自己可以準時交出報告，無法幫助我們達成任務，但如果我們在心裡對於達成目標必須要做哪些事情，能有非常務實的想法，那麼結果就會不一樣了。我們從體育賽事中瞭解到，運動員光是想像自己贏得了比賽，這樣沒用。可是如果他們能夠具體想像「能讓他們勝出的必要訓練項目」，結果就會很不一樣。內心有一個務實的想法，不僅可以幫助運動員表現得更好，還可以大大激勵他們（Singer et al. 2001）。我們現在知道，這點不只在運動員身上是如此，對於任何需要努力與費心的事情也是如此（Pham and Taylor 1999）。寫作絕對也是屬於這個範疇。

另一個可以借鑒的是，我們並非不能從自己的經驗中學習，而是**要在經驗發生之後快速獲得反饋（而且頻率要密集），才能夠從自身的經驗中學到東西**。將「寫論文」這樣巨大的挑戰工作拆解為較小、容易完成的工作，可以幫助我們設定務實的目標，時常加以確認。

如果一個人一開始的設想便不切實際，以為只要按照線性的規劃，先找好題目、接著做文獻方面的研究、然後分別獨立進行閱讀、思考、撰寫與修訂等階段的工作，這樣就可以寫出論文，那麼以這種設想為基礎的計劃後來變得不切實際，也不令人意外了。因為一旦我們展開研究，可能會發現原本一開始的想法並沒有自己以為的那麼好；一旦我們開始閱讀，很可能會發現還有更多的東西要讀，否則會找不到文獻資料；一旦我們開始寫下自己的論點，很可能才瞭解到，我們還需要把更多的東西考量進來、改變自己原本的想法，或者回頭去讀某一篇自己可能並沒有完全理解的文章。以上這些現象都不罕見，但再偉大的規劃碰到這些都會完蛋。

舉例來說，如果我們設定的目標是一天要寫三條筆記、重讀一遍我們前一天寫的段落、檢視一下所有我們在某一篇文章發現的文獻資料，我們便會知道在這一天結束時，自己能夠完成的事情有哪些，並且調整我們第二天的期望。這樣的話，我們在一年之內將可從數以百計的類似經驗中持續獲得回饋，比起如果只是偶爾錯過了期限，會讓我們更有可能學到東西，也讓我們更務實地瞭解自己的產能。

線性模式的問題在於，某個階段可能需要的時間會超過原本的規劃。另個問題就是，我們不可能在預期時間內完成某階段的任務。如果我們只是單純地對時間判斷錯誤，那麼長期平均來看，我們既然會低估自己所需時間，也應該會高估自己所需時間才對。遺憾的是，事實上並非如此。根據著名的帕金森定律（law of Parkinson），不管你為工作預留了多少時間，工作永遠會把這些時間佔好佔滿，正如空氣充滿在房間的每個角落一樣（Parkinson 1957）。

現在我們已知，再長的時間也不夠用，不過對於一次性便可以完成的工作，情況則是正好相反。原因是前面所提到的蔡加尼克效應（Zeigarnik 1927）——工作如果還沒完成（或還沒寫下來要做這件事），那我們的大腦會被這個工作項目所佔據，直到完成為止。如果我們已經看到了終點線，通常我們就會加快速度。有參加過馬拉松的人都知道這點。換句話說，對於一次性就可完成的工作來說，「開始動手」是最重要的步驟。在這一點上，弄些開工的儀式感將會有所幫助（Currey 2013）。

不過還是要看你現在要做的任務是什麼。如果要做的步驟是「做筆記」、「收集這個報告中令人感興趣的地方」、或者「把這一連串筆記寫成一個段落」等等，那都是具體可做到的。如果我們很抽象、很模糊的說接下來的任務是「繼續努力趕逾期的論文」，那就難了。

13.6 真正去寫作

曾有人問作家海明威（Ernest Hemingway），他會把初稿重寫幾次。

他回答說：「看情況。我重寫了《戰地春夢》（A Farewell to Arms）結尾的部分，就是最後一頁，三十九次之後，我才覺得滿意。」

「是因為什麼技術問題嗎？為什麼你會卡住？」提問者又問。

「尋找對的字。」海明威回答道（Paris Review, 1956）。

這個忠告值得記住：初稿就只是初稿而已。哲學家斯拉沃熱・齊澤克（Slavoj Žižek）在一次訪問中說[40]，如果他沒有在一開始時便說服自己，他是出於自願才寫下某些想法，以及這些想法或許日後可以發表，那他就無法寫出任何隻字片語。等到他停下筆時，他才驚訝地發現，自己剩下唯一要做的就是修訂已經有的初稿。

---

40. 電影《齊澤克！》（Žižek!）的專訪（USA 2005; Astra Taylor）。

最困難的工作項目之一，就是大刀闊斧刪除在論述中沒用的內容，有點像是殺死自己的愛人。[41]但若是把這些要刪除的篇章移到另一個檔案裡，然後告訴自己，以後可能還用得上，這樣就比較容易做到。我每次寫稿的時候，都會另外開個檔案叫「xy-rest.doc」，每當我要刪除內容，就把刪除的東西貼到另一個檔案裡，告訴自己以後會再檢視一番，看這些被刪除的東西可以放回到哪個適合的地方。這當然從沒有發生過，可是仍然很有效。稍微瞭解心理學的人也都會這麼做（請參見Thaler, 2015, 81f）。

41. 這個說法可能出自威廉・福克納（William Faulkner）、艾倫・金斯堡（Allen Ginsberg）、奧斯卡・王爾德（Oscar Wilde）、史蒂芬・金（Stephen King）等人，但沒有定論。不過似乎是評論家亞瑟・奎勒–庫奇（Arthur Quiller-Couch）最早提到，當時是一九一四年，他跟學生說：「如果你想在這裡問我有什麼特別的準則，我可以告訴你這個：每當你覺得有一股衝動，非要把一段無與倫比的文字寫下來不可，就請寫下來，並且真心真意地寫下來，然後在把你的稿子公開發表之前刪掉。殺了你的達令。」（Quiller-Couch 2006, 203）

14. 寫作成功步驟六：養成習慣

所謂的名人在演講時常說我們應該要養成思考自己行為的習慣。這根本是錯到離譜的陳腔濫調。事實正好相反。文明的進步是因為不斷累積重要的成果，而這些是我們想都不用想就能進行的。（Whitehead）[42]

最能夠預測我們短時期未來行為的指標，居然是我們的意圖，真令人驚訝。如果我們決定現在要去健身房，很有可能當下就真的去了。很遺憾的是，這只適用於非常短期的未來。論到長期，學者就找不出人類意圖與行為之間任何可以被測量的關聯性（Ji and Wood 2007; Neal et al. 2012）。不過有一個例外情況，如果剛好我

42. Alfred North Whitehead, 1911, 61.

們想去做的是我們以前常常做的事，那就非常肯定我們會依照自己的意向去做。

其實很容易可以從長期來預測人們的行為。每個月、一兩年我們都可能會重複以前在做的事，例如跟以往一樣暴吃巧克力、跟以前一樣常去健身房、也跟以前一樣跟爸媽爭執同樣的事。換言之，好的意圖，通常來說，並不會持續太久。

如果我們務實地看一下要改變行為到底有多難，那麼長期來看較有機會改變自己的行為（Dean 2013）。這當然很難，因為我們愈習慣以某種特定方式去做某件事，便愈會覺得自己可以掌控（即使我們的掌控程度並不佳）——這有部分原因是本書先前提過的重複曝光謬誤，把一件事情做愈多次，我們就愈以為自己很會了。

預測自己下週行為準確度最差的人，就是那些習慣已成根深蒂固的人，偏偏這些人卻又對自己的預測最有信心。這個發現令人震驚，因為這代表人類的習慣有個問題：當我們一直重複做某種行為，熟悉感漸漸會影響我們對於那個行為的看法，最後就會覺得自己愈來愈能準確掌控它。但事實上，我們根本掌控不了多少。這又

證明了我們的思考過程與直覺期待，其實是背道而馳的。（Dean 2013, 22）

要改變行為，訣竅不是去打破舊有的習慣，也不是用意志力強迫自己，而是要有策略地建立新習慣去取代舊習慣。在寫作上，我們的目標便是養成新習慣：每當我們在閱讀時，隨時準備好紙跟筆，記下最重要跟最有趣的點。如果這個動作變成了習慣，它就更可能成為一種動力，把我們閱讀時的發現轉變為永久的筆記，並且與卡片盒裡的其他筆記連接起來。養成「在外部的筆記記憶體當中思考」的習慣並不難，因為這個習慣的優點很明顯。只要我們培養出新的習慣，便能去做任何直覺上覺得是對的事情，而不必費什麼力。很快地，我們會覺得別人在閱讀時只是劃劃重點或做些沒用的筆記（筆記最後也不知放到哪兒），看著還真是難受啊。

後記

聰明的卡片筆記術真的很有用。許多成功的作者、藝術家、學者都使用這種方法在工作。本書的撰寫也藉助了卡片盒技巧。舉例來說，有個寫著「技術，驗收問題」的筆記就幫助了我，針對「為什麼大家很難採用卡片盒筆記」的這個問題，指引我在關於貨櫃運輸歷史的書裡找到了答案。我確定自己不曾刻意往貨櫃運輸史的方向去思考，畢竟我這本書的主題是關於高效能寫作。這只是一例，說明了卡片盒提點我的想法與連結。它不僅是一種幫助高效能寫作的工具，也是一種訓練長期嚴謹學習的方法。我早就應該知道這一點才對，但事實卻非如此——一直到我開始記錄關於最近學習實驗的筆記時，我才恍然大悟：原來我自己正在親自操練這個經過證實、最為有效的方法。不過我想要說明一下，書中有些地方的想法，是我個人獨見創獲的。

本書中所闡述的這種獨特筆記方法，讓尼克拉斯．魯曼成為上個世紀最多產、最有創見的社會學理論家。[43] 現在有愈來愈多的學者與非虛構類作者都注意到了。但

43. 請參見zettelkasten.de論壇上的討論。

它還不太容易讓大多數的學生與作者接受。這有幾個原因。

首先，這種長期、跨領域式的筆記架構，完全是按照個人的理解跟興趣發展，但與大學課程設計的那種制式化、單元式、由上而下的方式大相徑庭。雖然我們對記憶、學習的運作已有了極大的進步，但現在的教學方式仍強調複習內容，並未真正鼓勵學生獨立自主地在不同類別的訊息中建立連接的網絡。現在大家都在談創新，但若不改變實際的工作流程，這些討論也是白費。一些看似具有獨創性的方式如「以學習者為中心」，往往是弊大於利，因為它們還是忽略了需要透過「外部鷹架」來幫助思考。焦點應該不是放在學習者身上。

卡片盒筆記法的方式並不是以學習者為中心，而是剛好相反：它使得學習者將自己的思考去中心化，分散到以其他想法組成的網絡之中。學習、思考與寫作應該不是為了要累積知識，而是為了成為一個不一樣的人，有不一樣的思考方式。要做到這點，必須憑藉新的經驗和事實，不斷質疑自己的思考習慣。

目前這種線性、以學習者為中心的方式廣為盛行，也使得卡片盒這個工具的用途被許多人誤解，以為不必改變工作流程，直接使用即可。還有個可惜之處就是，卡片盒常被當成檔案庫，從那裡提取你先前存進去的東西。這樣當然會讓人覺得失望。如果我們只是拿來存檔，就根本沒必要使用卡片盒。卡片盒筆記法要真正發揮效益，必須配合我們工作習慣的改變。最基本的就是要深入瞭解它是如何運作的，以及為什麼有用，還有那些不同的寫作步驟與工作是如何環環相扣。也因為如此，所以我們需要這本書，而非僅是一個冊子，來說明卡片盒背後的原理與想法。

另一個關於為什麼這套方法仍舊很難被接受的原因是，大部分學生要等到自己寫不出東西時（通常是學期末），還有當他們要寫學士、碩士、或博士論文時，才驚覺自己需要一個好的系統。此時卡片盒筆記法當然還是可以發揮一點效益，但如果可以早一點開始，會有更大的助益，這有點像是為了退休提早存錢。況且在時間壓力下，我們的行為也很難改變，因為我們感受到的壓力愈大，愈可能沿襲舊有的習慣，即使這些舊有的習慣就是問題的根源，帶給我們壓力。這即是所謂的隧道效應（tunnel effect）（Mullainathan and Shafir 2013）。不過學者深入研究隧道效應之後，已找到解套的方法：只要解決方法看起來簡單易行，改變就有可能。

這真是本書最後的一個大好消息：卡片盒筆記法非常簡單易行。在閱讀的時候，手裡拿著筆，聰明地記下筆記，然後在筆記之間創造連結，想法便會自動產生，然後你的報告、論文題目就跑出來了。別再從零開始。你只要做你想要做的就好：閱讀、思考、寫作。但在過程中要聰明地記筆記。

如果你想要從一對一的訓練課程開始學習新的筆記方法，或者想要針對你在寫的東西，有人幫你釐清思緒，不妨到這裡看看我的建議：http://takesmartnotes.com

全球獨家
搶先收錄！

按：本書全球八種語言版本當中，只有正體中文版與 2022 春季推出的英語修訂版收入作者新撰附錄，用視覺化的方式帶領讀者看看魯曼的卡片盒內記載了哪些內容。

附錄 魯曼卡片盒一瞥，兼論筆記軟體

讓我們來看看魯曼卡片盒裡的一個筆記群片段範例。在這個片段裡，共包含十七則筆記，目的是為了撰寫一篇八頁的小論文，小論文裡還談到了他對卡片盒筆記的觀察。十七則筆記開頭的那則編號是 9/8，在它之下直接銜接兩組分支的筆記群。第一個分支內有十則編號相連的筆記（編號從 9/8a 一直到 9/8j）；第二個分支內有三則編號相連的筆記（分別是 9/8,1、9/8,2、9/8,3）。除了上述兩個筆記群分支，還有一個微型的筆記群分支，是從 9/8a 這則筆記分岔出去的，內有 9/8a、9/8a1、9/8a2 這三條筆記。然後，另外又有一個同樣微型的筆記群分支，是從 9/8b 開始，接著是 9/8b1、9/8b2 這兩條。

在這個筆記群片段之前（編號從 9/7 開始）以及之後（編號從 9/9）的筆記群，

則記載著不相關的其他主題。這個筆記群片段當中，沒有指涉太多的外部文獻，也沒有太多筆記之間的交叉引用或交互參考。相形之下，其他筆記群（負責處理更複雜的主題）當中，就有更多的外部文獻資料，筆記之間的交叉引用也很頻密。

回到這個筆記群片段，它的長相如下：

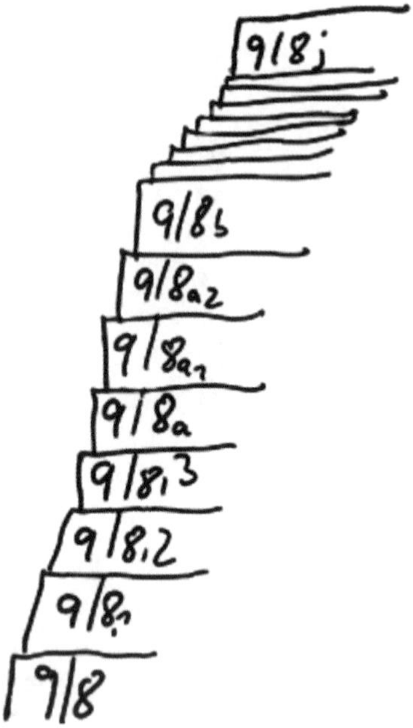

圖1：魯曼卡片盒內的一個筆記群片段範例圖

如果我們把這個筆記群的分支情況用圖形來表示，那麼結果就會如下圖：

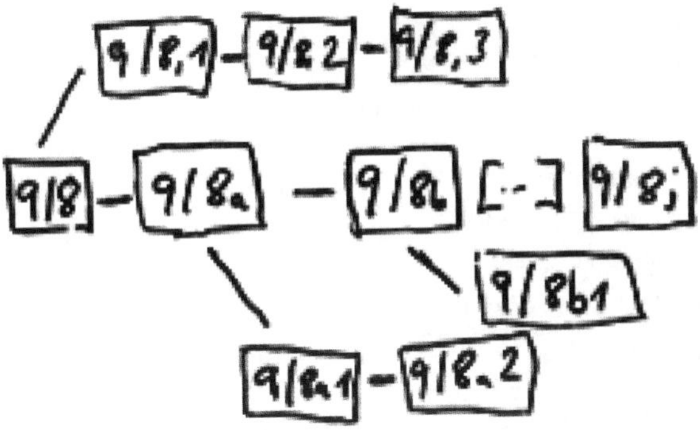

圖2：魯曼卡片盒內的一個筆記群片段範例，將分支情況用圖形表現出來

雖然魯曼卡片盒內的每則筆記，內容都已經很接近「立即可用的完整稿」了，不過筆記和筆記之間的順序安排，外人往往看不懂。如果按照順序來閱讀他筆記的內容，會有點像一個局外人在聆聽兩位老朋友，用他們長時間相處發展出的「只有他們才懂」的詞句在聊天。同理，局外人有時很難理解魯曼的筆記正在告訴魯曼什麼事情。例如編號 9/8,3 的筆記，記載的內容是有訪客想看他的卡片盒筆記，實際的文字如下：

德文原文
Geist im Kasten? Zuschauer kommen. Sie bekommen alles zu. sehen, und nichts als das – wie beim Pornofilm. Und entsprechend ist die. Enttäuschung.

中譯
卡片盒裡有鬼？ 訪客來。全都給他們看，看光光——如A片。 不意外他們感到失望。

至於 9/8,3 所屬的分支當中順序最前面的、編號 9/8 的卡片，內容更抽象：

德文原文
Zettelkasten als kybernetisches System Kombination von Unordnung und Ordnung, von Klumpenbildung und unvorhersehbarer, im ad hoc Zugriff realisierter Kombination. Vorbedingung: Verzicht auf festgelegte Ordnung. Die vorgeschaltete Differenzierung: Suchhilfen vs. Inhalt; Register, Fragestellungen, Einfälle vs. Vorhandenes überformt und macht z.T. entbehrlich, das, was an innerer Ordnung vorausgesetzt werden muss.
中譯
卡片盒，一個模控學（cybernetic）系統 次序與失序的組合，一堆無法預測的組合，透過特別路徑得以體現。 前提：不依固定順序。 先前的分化：尋找協助 vs. 內容，紀錄、問題、概念 vs. 將現有紀錄重塑，並使那些用內部順序來假設的變為多餘。

而緊接在 9/8 之後的那條筆記，編號 9/8,1，有點像是一則提問。

德文原文
Thema: Kommunikation mit dem Zettelkasten: Wie kommt man zu einem adaequaten Partner, Junior-Partner?– wichtig, nachdem das Arbeiten mit Personal immer schwieriger und immer teurer wird. Zettels Wirklichkeit

中譯
主題：與卡片盒溝通：如何開發出適當的夥伴，資淺夥伴？重要。與幕僚共事越來越難，越來越貴。 卡片紙的現實。

這個小分支裡面還有兩則筆記（9/8,2 以及 9/8,3），但在此不討論。

卡片盒中的下一條筆記，在第一則就分支出去了，編號 9/8a:

德文原文
Das Produktivitätsproblem muss in bezug auf eine Relation gestellt werden, nämlich in bezug auf die Relation von Zettelkasten und Benutzer.
中譯
產能的問題與關係有關，亦即與「卡片盒與使用者的關係」有關。

緊接在後的筆記是 9/8a1 和 9/8a2，內容如下，然後原本上一層的分支就繼續銜接回到編號 9/8b 的筆記了。

德文原文
Der Zettelkasten ist unaufhörlich gewachsen, und ich habe versucht, so gut ich konnte und soweit meine Fähigkeiten reichen, davon zu profitieren.
中譯
卡片盒筆記不斷增長，我盡全力讓自己從中獲益，盡全力去探索。

德文原文
Zettelkasten als Klärgrube – nicht nur abgeklärte Notizen hineintun. Aufschieben des Prüfens und Entscheidens – auch eine Tempofrage.
中譯
卡片盒就是化糞池——勿放入澄清版的筆記。 暫緩測試，速下決定——速度是關鍵。

編號 9/8b 的筆記裡面可見到一條文獻資料。而這條文獻資料在最後完稿的八頁小論文裡面，是以註腳的形式出現。

德文原文

Zur allg. Struktur von Gedächtnissen vgl. Ashby 1967, S. 103. Es ist danach wichtig, dass man nicht auf eine Unmenge von Punkt-für-Punkt Zugriffe angewiesen ist, sondern auf Relationen zwischen Notizen, also auf Verweisungen zurückgreifen kann, die mehr auf einmal verfügbar machen, als man bei einem Suchimpuls oder auch bei einer Gedanken-fixierung im Sinn hat.

中譯

記憶的整體結構，參見 Ashby 1967, p. 103.

因此這點很重要：別倚靠巨量的點對點管道，反而該倚賴筆記之間的關聯，也就是說，倚賴立即可得的參考資料，因為它會比一陣搜尋脈衝或腦裡的固定記憶點
更快出現。

以下則是最後完稿的八頁小論文裡面的一段，當中可以見到與筆記同樣的資訊，但嵌入不同的上下文語境，對讀者來說更清晰。[1]

德文原文

„Jedenfalls gewinnt die Kommunikation an Fruchtbarkeit, wenn es gelingt, aus Anlaß von Eintragungen oder von Abfragen das interne Verweisungsnetz in Betrieb zu setzen. Auch ein Gedächtnis funktioniert ja nicht als Summe von Punkt-für-Punkt Zugriffen, sondern benutzt interne Relationierungen und wird erst auf dieser Ebene der Reduktion eigener Komplexität fruchtbar.(3) Auf diese Weise wird - durchaus punktuell, in diesem Moment, aus Anlaß eines Suchimpulses - mehr an Information verfügbar, als man bei der Anfrage im Sinne hatte; und vor allem mehr an Information, als jemals in der Form von Notizen gespeichert worden waren. Der Zettelkasten gibt aus gegebenen Anlässen kombinatorische Möglichkeiten her, die so nie geplant, nie vorgedacht, nie konzipiert worden waren. “

Fn 3: Vgl. W. Ross Ashby, The Place of the Brain in the Natural World, in: Currents in Modern Biology 1 (1967), S. 95 -104, besonders auch im Hinblick auf die Inadäquität der Computer-Technologie in speziell dieser Hinsicht.

中譯

無論如何，若我們在寫筆記或提問時，能順利啟用內部的連結網絡，那麼溝通將更有效果。記憶運作的方法，並不是「點對點管道的加總」，記憶是倚靠內在關聯性在運作的，且唯有把自身複雜性降低到這種程度後，才會出現效果。[3]透過這種方法，在獨立的搜尋脈衝時間點之下能夠產出的資訊，會比你記得的更多，也會比儲存在筆記裡的資訊更多。卡片盒提供了各種可能性的組合——都是事前未曾規劃、未曾預知、未曾想到的可能性。

註釋3：參考 W. Ross Ashby, The Place of the Brain in the Natural World, in: Currents in Modern Biology 1 (1967), S. 95 -104, 尤其是關於計算機科技在這方面的缺憾。

1. 魯曼這篇文章 (Luhmann 1992) 是由 Manfred Kuehn 譯為英文，全文放在：http://luhmann.surge.sh/communicating-with-slip-boxes

相信大多數讀者都是用筆記軟體來實踐卡片盒筆記術，所以不會用到魯曼精美的編號方式。但很重要的是，我們必須瞭解卡片盒能讓我們做到什麼：它能讓我們在卡片盒系統裡面，找到已存的線索，然後加以擴增。它鼓勵我們透過「讓現有筆記編號順序不斷成長，而不是零碎蒐集資料」的方式，持續與卡片盒對話。筆記的順序會在「孤立的事實／概念」以及「連續的內文」這兩者之間，取得一個最佳的位置。這就是卡片盒的全貌。所以寫新筆記的時候，務必盡可能要讓新筆記回應現有筆記的內容，這樣對話才能持續下去。

如果你使用的軟體，可以把單獨頁面之內的整段文字設連結，那就盡量把單獨頁面內的每一段文字都當成一則筆記，然後賦予它各自的順序編號。只要你把每一段文字都當成一則獨立的筆記，日後可以用在別的地方，那麼你一方面維持了整體筆記群裡面每一條筆記的單獨特性，另一方面又能因為「對現有的主題，擁有一個更佳的縱覽」而獲益良多。

如果你真的喜歡此刻你選用的筆記軟體，那麼你可以用它來寫讀書筆記、永久筆記或者甚至專案筆記。這種工作方式很好，還可免除轉換到不同筆記軟體時的適應期。不過請記住：務必讓讀書筆記、永久筆記或專案筆記維持各自的明顯性質；為你的筆記排序編號，持續累積更多主題，直到達到關鍵的臨界質量——這一切必須要在永久筆記的網絡範圍內做到。

我們所用的工具或筆記軟體，一定會影響到我們的工作方式。目前最好的筆記軟體都具備開放性、彈性這兩個優點，但伴隨而來的則是對於結構的要求。如果有一頁筆記的內容是將你正在處理的主題或題目，做一個鳥瞰式的縱覽，那會對你很有幫助——尤其是在工作初始階段。相較於資料匣的形式，這頁縱覽式的筆記本身就是「概念中的概念」，它的概念是「關於筆記結構」，因此容許隨時做修正。同樣的道理也適用於「入口筆記」：入口筆記是中間性的、關於特定主題的入口筆記，也稱做「內容地圖」。當我們撰寫的內容發展得太複雜的時候，當然應該做一則筆記，讓你從制高點掌握整體內容的各個面向。

我們這樣做的目的不是要強加一個結構進入你的系統，而是要替外顯的結構做出一個內含的概念，因此這種筆記容許隨時改變。在此容我再說一次：我們如何架構一個主題，就等於我們如何思考這個主題，所以架構本身也就是一個思維，是卡片盒裡的一條筆記，可以隨時對它加以測試、質疑，討論。

無論使用哪種工具，最重要的是務求簡便，感覺不對就別做，過程中不斷調整工作負荷。盡量多試試不同的方法，多實驗，內心保持輕鬆。只要堅守原則，就沒有對錯問題。別太緊張，只有在輕鬆的環境底下，好點子才會迸發出來。卡片盒筆記是你對話的夥伴，你與它的合作應該是充滿樂趣的。讓我們再看魯曼的卡片盒一眼：這一串關於卡片盒筆記法的筆記群當中，他寫的最後一則，編號 9/8j:

德文原文
Im Zettelkasten ist ein Zettel, der das Argument enthält, das die Behauptungen auf allen anderen Zetteln widerlegt. Aber dieser Zettel verschwindet, sobald man den Zettelkasten aufzieht. D.h. er nimmt eine andere Nummer an, verstellt sich und ist dann nicht zu finden. Ein Joker.
中譯
卡片盒筆記裡面有一張卡片，上面記載的內容駁斥了整個卡片盒筆記裡面每一則筆記的論點。 但只要你一打開卡片盒，這則筆記就會自動消失。 也就是說，它換了個編號，跑到別的地方去了，找不到了。 鬼牌一張。

參考書目

- Ahrens, Sönke. 2014. Experiment and Exploration: Forms of World-Disclosure: From Epistemology to Bildung. Contempo-rary Philosophies and Theories in Education, volume 6. Dordrecht: Springer.
- Allen, David. 2001. Getting Things Done: The Art of Stress-Free Productivity. New York: Penguin.
- Allison, Scott T., and David M. Messick. 1988. "The Feature-Positive Effect, Attitude Strength, and Degree of Perceived Consensus." Personality and Social Psychology Bulletin 14 (2): 231–41.
- Anders Ericsson, K. 2008. "Deliberate Practice and Acquisition of Expert Performance: A General Overview." Academic Emer-gency Medicine 15 (11): 988–94.
- Andreasen, Nancy C. 2014. "Secrets of the Creative Brain." The Atlantic, August.
- Arnold, Kathleen M., and Kathleen B. McDermott. 2013. "Test-Potentiated Learning: Distinguishing between Direct and Indi-rect Effects of Tests." Journal of Experimental Psychology: Learning, Memory, and Cognition 39 (3): 940–45.
- Balduf, Megan. 2009. "Underachievement Among College Stu-dents". Journal of Advanced Academics 20 (2): 274–94.
- Baram, T., Y. Chen, C. Burgdorff, and C. Dubé. 2008. "Short-term Stress Can Affect Learning And Memory." ScienceDaily.
- Baumeister, R. F., E. Bratslavsky, M. Muraven, and D. M. Tice. 1998. "Ego Depletion: Is the Active Self a Limited Resource?" Journal of Personality and Social Psychology 74 (5): 1252–65.
- Birnbaum, Monica S., Nate Kornell, Elizabeth Ligon Bjork, and Robert A. Bjork. 2013. "Why Interleaving Enhances Inductive Learning: The Roles of Discrimination and Retrieval". Memory & Cognition 41 (3): 392–402.
- Bjork, Robert A. 2011. "On the Symbiosis of Remembering, For-getting and Learning." In Successful Remembering and Suc-cessful Forgetting: a Festschrift in Honor of Robert A. Bjork, edited by Aaron S. Benjamin, 1–22. New York, NY: Psychol-ogy Press.
- Bliss, T. V. P., G. L. Collingridge, and R. G. M. Morris, Hrsg. 2004. Long-term Potentiation: Enhancing Neuroscience for 30 Years. Oxford ; New York: Oxford University Press.
- Bornstein, Robert F. 1989. "Exposure and Affect: Overview and Meta-Analysis of Research, 1968-1987." Psychological Bulletin 106 (2): 265–89.
- Brems, Christiane, Michael R. Baldwin, Lisa Davis, and Lorraine Namyniuk. 1994. "The Imposter Syndrome as Related to Teaching Evaluations and Advising Relationships of University Faculty Members." The Journal of Higher Education 65 (2): 183.
- Brown, Peter C., Henry L. Roedinger III, and Mark A. McDaniel 2014. Make It Stick. Cambridge, MA: Harvard University Press.
- Bruner, Jerome S. 1973. Beyond the Information Given: Studies in Psychology of Knowing. Edited by Jeremy M. Anglin. New York: W.W. Norton & Company.
- Bruya, Brian, Hrsg. 2010. Effortless Attention: A New Perspective in the Cognitive Science of Attention and Action. Cambridge, Mass: The MIT Press.
- Buehler, Roger, Dale Griffin, and Michael Ross. 1994. "Exploring The 'Planning Fallacy:' Why People Underestimate Their Task Completion Times." Journal of Personality and Social Psychology 67 (3): 366–81.
- ———. 1995. "It's About Time: Optimistic Predictions in Work and Love." European Review of Social Psychology 6 (1): 1–32.
- Burkeman, Oliver. 2013. The Antidote: Happiness for People Who Can't Stand Positive Thinking. Edinburgh: Canongate Books.
- Byrne, John H. 2008. Learning and Memory: A Comprehensive Reference, Four-Volume Set. Cambridge, MA: Academic Press.
- Carey, Benedict. 2014. How We Learn: The Surprising Truth About When, Where, and Why It Happens. New York: Ran-dom House.

- Carter, Evan C., and Michael E. McCullough. 2014. "Publication Bias and the Limited Strength Model of Self-Control: Has the Evidence for Ego Depletion Been Overestimated?" Frontiers in Psychology 5 (July).
- Clance, Pauline R., and Suzanne A. Imes. 1978. "The Imposter Phenomenon in High Achieving Women: Dynamics and Ther-apeutic Intervention." Psychotherapy: Theory, Research & Practice 15 (3): 241–47.
- Clark, Charles H. 1958. Brainstorming: The Dynamic New Way to Create Successful Ideas. Garden City, NY: Doubleday & Com-pany.
- Cowan, N. 2001. "The Magical Number 4 in Short-Term Memory: A Reconsideration of Mental Storage Capacity." The Behavioral and Brain Sciences 24 (1): 87-114.
- Csikszentmihalyi, Mihaly. 1975. Beyond Boredom and Anxiety. San Francisco: Jossey-Bass.
- Currey, Mason. 2013. Daily Rituals: How Great Minds Make Time, Find Inspiration, and Get to Work. Pan Macmillan.
- Darwin, Charles. 1958. The Autobiography of Charles Darwin, 1809-1882: With Original Omissions Restored. Collins.
- Dean, Jeremy. 2013. Making Habits, Breaking Habits: Why We Do Things, Why We Don't, and How to Make Any Change Stick. Boston, MA: Da Capo Press.
- De Bono, Edward. 1998. Simplicity. London; New York: Viking.
- DePasque, Samantha, and Elizabeth Tricomi. 2015. "Effects of Intrinsic Motivation on Feedback Processing During Learning." NeuroImage 119 (October): 175–86.
- Dobrynin, Nikolaj Fyodorovich. 1966. "Basic Problems of the Psychology of Attention: Psychological Science in the USSR." In U.S. Dept. of Commerce, Clearinghouse for Federal Scien-tific and Technical Information, 274–91. Washington, DC.
- Doyle, Terry. 2008. Helping Students Learn in a Learner-Centered Environment: A Guide to Facilitating Learning in Higher Ed-ucation. Sterling, Virginia: Stylus Publishing.
- Doyle, Terry, and Todd Zakrajsek. 2013. The New Science of Learning: How to Learn in Harmony With Your Brain. Sterling, Virginia: Stylus Publishing.
- Duckworth, Angela L., and Martin E. P. Seligman. 2005. „Self-Discipline Outdoes IQ in Predicting Academic Performance of Adolescents". Psychological Science 16 (12): 939–44
- Dunlosky, John, Katherine A. Rawson, Elizabeth J. Marsh, Mitchell J. Nathan, and Daniel T. Willingham. 2013. "Improving Stu-dents' Learning With Effective Learning Techniques Promising Directions From Cognitive and Educational Psychology." Psy-chological Science in the Public Interest 14 (1): 4–58.
- Dweck, Carol S. 2006. Mindset: The New Psychology of Success. New York: Random House.
- ———. 2013. Self-Theories: Their Role in Motivation, Personality, and Development. New York: Psychology Press.
- Ebbinghaus, Hermann. (1885). Über das Gedächtnis: Untersu-chungen zur experimentellen Psychologie. Berlin: Duncker & Humblot.
- Engber, Daniel, and Christina Cauterucci. 2016. "Everything Is Crumbling." Slate, March 6.
- Ericsson, K. Anders, Ralf T. Krampe, and Clemens Tesch-Römer. 1993. "The Role of Deliberate Practice in the Acquisition of Expert Performance." Psychological Review 100 (3): 363–406.
- Fehrman, Craig. 2011. "The Incredible Shrinking Sound Bite." Boston.com, January 2.
- Feynman, Richard P. 1963. "The Problem of Teaching Physics in Latin America." http://calteches.library.caltech.edu/46/2/LatinAmerica.htm.
- ———. 1985. "Surely You're Joking, Mr. Feynman!": Adventures of a Curious Character. New York: W.W. Norton.
- Fishbach, Ayelet, Tal Eyal, and Stacey R. Finkelstein. 2010. How Positive and Negative Feedback Motivate Goal Pursuit: Feed-back Motivates Goal Pursuit. Social and Personality Psycholo-gy Compass, 4(8), 517–530.
- Fleck, Ludwik. 1979. The Genesis and Development of a Scien-tific Fact, edited by T.J. Trenn and R.K. Merton, foreword by Thomas Kuhn. Chicago: University of Chicago Press.

- Flyvbjerg, Bent. 2001. Making social science matter: Why Social Inquiry Fails and How It Can Succeed Again. Oxford, UK; New York: Cambridge University Press.
- Franklin, Benjamin. 1840. Memoirs of Benjamin Franklin. Edited by William Duane. McCarty & Davis.
- Fritzsche, Barbara A., Beth Rapp Young, and Kara C. Hickson. 2003. "Individual Differences in Academic Procrastination Tendency and Writing Success". Personality and Individual Differences 35 (7): 1549–57.
- Gadamer, Hans-Georg. 2004. Truth and Method. 2nd rev. edition. Trans. J. Weinsheimer and D. G. Marshall. New York: Cross-road.
- Gawande, Atul. 2002. Complications: A Surgeon's Notes on an Imperfect Science. New York: Metropolitan Books.
- ———. 2010. The Checklist Manifesto: How to Get Things Right. New York: Metropolitan Books.
- Getzels, Jacob Warren, and Mihaly Csikszentmihalyi. 1976. The Creative Vision: A Longitudinal Study of Problem Finding in Art. New York: Wiley.
- Gigerenzer, Gerd. 2008. Gut Feelings: The Intelligence of the Unconscious. New York: Viking Penguin.
- Gilbert, Daniel Todd. 2006. Stumbling on Happiness. New York: A.A. Knopf.
- Glynn, Shawn M., Gita Taasoobshirazi, and Peggy Brickman. 2009. "Science Motivation Questionnaire: Construct Validation with Nonscience Majors". Journal of Research in Science Teaching 46 (2): 127–46.
- Goldstone, Robert L., and Uri Wilensky. 2008. "Promoting Trans-fer by Grounding Complex Systems Principles." Journal of the Learning Sciences 17 (4): 465–516.
- Govorun, Olesya, and B. Keith Payne. 2006. 'Ego—Depletion and Prejudice: Separating Automatic and Controlled Components'. Social Cognition 24 (2): 111–136.
- Granovetter, Mark S. 1973. "The Strength of Weak Ties." Ameri-can Journal of Sociology 78 (6): 1360–80.
- Gunel, Murat, Brian Hand, and Vaughan Prain. 2007. "Writing for Learning in Science: A Secondary Analysis of Six Studies." In-ternational Journal of Science and Mathematics Education 5 (4): 615–37.
- Hagen, Wolfgang. 1997. Die Realität der Massenmedien. Radio Bremen im Gespräch mit Niklas Luhmann. http://www.whagen.de/gespraeche/LuhmannMassenmedien.htm.
- Hallin, Daniel C. 1994. We Keep America on Top of the World: Television Journalism and the Public Sphere. London; New York: Routledge.
- Hearn, Marsha Davis, Tom Baranowski, Janice Baranowski, Col-leen Doyle, Matthew Smith, Lillian S. Lin, and Ken Resnicow. 1998. "Environmental Influences on Dietary Behavior among Children: Availability and Accessibility of Fruits and Vegetables Enable Consumption". Journal of Health Education 29 (1): 26–32.
- Hollier, Denis. 2005. "Notes (on the Index Card)." October 112 (April): 35–44.
- Inzlicht, M., L. McKay, and J. Aronson. 2006. "Stigma as Ego Depletion: How Being the Target of Prejudice Affects Self-Control". Psychological Science 17 (3): 262–69.
- Inzlicht, Michael, and Malte Friese. 2019. "The Past, Present, and Future of Ego Depletion." Social Psychology 50 (5–6): 370–78.
- James, William. 1890. The Principles of Psychology. New York: H. Holt and Company.
- Jang, Yoonhee, John T. Wixted, Diane Pecher, René Zeelenberg, and David E. Huber. 2012. "Decomposing the Interaction Be-tween Retention Interval and Study/Test Practice: The Role of Retrievability." The Quarterly Journal of Experimental Psychol-ogy 65 (5): 962–75.
- Ji, Mindy F., and Wendy Wood. 2007. "Purchase and Consump-tion Habits: Not Necessarily What You Intend." Journal of Consumer Psychology 17 (4): 261–76.
- Job, V., C. S. Dweck, and G. M. Walton. 2010. "Ego Depletion – Is It All in Your Head? Implicit Theories About Willpower Affect Self-Regulation." Psychological Science 21 (11): 1686–93.

- Johnson, Steven. 2011. Where Good Ideas Come from: The Nat-ural History of Innovation. 1. paperback ed. New York: River-head Books.
- Kahneman, Daniel. 2013. Thinking, Fast and Slow. Reprint edition. New York: Farrar, Straus and Giroux.
- Kant, Immanuel. 1784. "What is Enlightenment?" Translated by Mary C. Smith. 1991. http://www.columbia.edu/acis/ets/CCREAD/etscc/kant.html.
- Karpicke, Jeffrey D., Andrew C. Butler, and Henry L. Roediger III. 2009. "Metacognitive Strategies in Student Learning: Do Stu-dents Practise Retrieval When They Study on Their Own?" Memory 17 (4): 471–79.
- Kornell, Nate, and Robert A. Bjork. 2008. "Learning Concepts and Categories: Is Spacing the 'Enemy of Induction'?" Psychologi-cal Science 19 (6): 585–92.
- Kruger, Justin, and David Dunning. 1999. 'Unskilled and Unaware of It: How Difficulties in Recognizing One's Own Incompe-tence Lead to Inflated Self-Assessments'. Journal of Personality and Social Psychology 77 (6): 1121–34.
- Kruse, Otto. 2005. Keine Angst vor dem leeren Blatt: ohne Schreibblockaden durchs Studium. Frankfurt/Main: Campus.
- Langer, E. J., and J. Rodin. 1976. "The Effects of Choice and En-hanced Personal Responsibility for the Aged: A Field Experi-ment in an Institutional Setting." Journal of Personality and Social Psychology 34 (2): 191–98.
- Latour, Bruno, and Steve Woolgar. 1979. Laboratory Life: The Social Construction of Scientific Facts. Beverly Hills: Sage Pub-lications.
- Levin, Mary E., and Joel R. Levin. 1990. "Scientific Mnemonomies: Methods for Maximizing More Than Memory". American Ed-ucational Research Journal 27 (2): 301–21.
- Levinson, Marc. 2006. The Box: How the Shipping Container Made the World Smaller and the World Economy Bigger. Princeton, N.J: Princeton University Press.
- Levy, Neil. 2011. "Neuroethics and the Extended Mind." In Judy Illes and B. J. Sahakian (Ed.), Oxford Handbook of Neuroeth-ics, 285–94, Oxford University Press.
- Lichter, S. Robert. 2001. "A Plague on Both Parties Substance and Fairness in TV Election News". The Harvard Internation-al Journal of Press/Politics 6 (3): 8–30.
- Loewenstein, Jeffrey. (2010). How One's Hook Is Baited Matters for Catching an Analogy. In B. H. Ross (Ed.), The Psychology of Larning and Motivation: Advances in Research and Theory, 149–182. Amsterdam: Academic Press.
- Lonka, Kirsti. 2003. "Helping Doctoral Students to Finish Their Theses." In Teaching Academic Writing in European Higher Education, edited by Lennart Björk, Gerd Bräuer, Lotte Rie-necker, and Peter Stray Jörgensen, 113–31. Studies in Writing 12. Springer Netherlands.
- Luhmann, Niklas. 1992. "Kommunikation mit Zettelkästen. Ein Erfahrungsbericht." In Universität als Milieu. Kleine Schriften., edited by André Kieserling, 53–61. Bielefeld: Haux.
- ———. 1997. Die Gesellschaft der Gesellschaft. Frankfurt am Main: Suhrkamp.
- ———. 2000. "Lesen Lernen." In Short Cuts, 150–57. Frankfurt am Main: Zweitausendeins.
- ———. 2005. Einführung in die Theorie der Gesellschaft. Heidel-berg: Carl Auer.
- Luhmann, Niklas, Dirk Baecker, and Georg Stanitzek. 1987. Ar-chimedes und wir: Interviews. Berlin: Merve.
- Lurija, Aleksandr Romanovič. 1987. The Mind of a Mnemonist: A Little Book about a Vast Memory. Cambridge MA: Harvard University Press.
- MacLeod, Colin M. 2007. "The Concept of Inhibition in Cogni-tion." In Inhibition in Cognition, edited by David S. Gorfein and Colin M. MacLeod, 3–23. Washington: American Psycho-logical Association.
- Mangel, Marc, and Francisco J. Samaniego. 1984. "Abraham Wald's Work on Aircraft Survivability." Journal of the Ameri-can Statistical Association 79 (386): 259–67.
- Manktelow, K. I., and Kenneth J. W Craik, (Ed.). 2004. "The His-tory of Mental Models." In

Psychology of Reasoning: Theoreti-cal and Historical Perspectives, 179–212. New York: Psychology Press.

- Markman, K. D., M. J. Lindberg, L. J. Kray, and A. D. Galinsky. 2007. "Implications of Counterfactual Structure for Creative Generation and Analytical Problem Solving." Personality and Social Psychology Bulletin 33 (3): 312–24.
- Marmot, M. G., H. Bosma, H. Hemingway, E. Brunner, and S. Stansfeld. 1997. "Contribution of Job Control and Other Risk Factors to Social Variations in Coronary Heart Disease Inci-dence." Lancet 350 (9073): 235–39.
- Marmot, Michael G. 2006. "Status Syndrome: A Challenge to Medicine." JAMA 295 (11): 1304–7.
- Maslow, Abraham H. 1966. The Psychology of Science. Chapel Hill, NC: Maurice Bassett.
- Mata, J., Todd, P. M., Lippke, S. 2010. When Weight Management Lasts. Lower Perceived Rule Complexity Increases Adherence. Appetite, 54(1), 37–43.
- McDaniel, Mark A., and Carol M. Donnelly. 1996. "Learning with Analogy and Elaborative Interrogation." Journal of Educational Psychology 88 (3): 508–19.
- McMath, Robert M., and Thom Forbes. 1999. What Were They Thinking? New York: Crown Business.
- Miller, George A. 1956. "The magical number seven, plus or mi-nus two: some limits on our capacity for processing infor-mation." Psychological Review 63 (2): 81–97.
- Moller, A. C. 2006. "Choice and Ego-Depletion: The Moderating Role of Autonomy". Personality and Social Psychology Bulletin 32 (8): 1024–36.
- Mueller, P. A., and D. M. Oppenheimer. 2014. "The Pen Is Mightier Than the Keyboard: Advantages of Longhand Over Laptop Note Taking." Psychological Science 25 (6): 1159–68.
- Mullainathan, Sendhil, and Eldar Shafir. 2013. Scarcity: Why Hav-ing Too Little Means So Much. London: Penguin UK.
- Mullen, Brian, Craig Johnson, and Eduardo Salas. 1991. "Produc-tivity Loss in Brainstorming Groups: A Meta-Analytic Integra-tion." Basic and Applied Social Psychology 12 (1): 3–23.
- Munger, Charles. 1994. "A Lesson on Elementary, Worldly Wis-dom as it Relates to Investment Management & Business." Speech given at USC Business School.
- Muraven, Mark, Dianne M. Tice, and Roy F. Baumeister. 1998. "Self-Control as a Limited Resource: Regulatory Depletion Pat-terns". Journal of Personality and Social Psychology 74 (3): 774–89.
- Nassehi, Armin. 2015. Die letzte Stunde der Wahrheit. Warum rechts und links keine Alternativen mehr sind und Gesellschaft ganz anders beschrieben werden muss. Hamburg: Murmann.
- Neal, David T., Wendy Wood, Jennifer S. Labrecque, and Phillippa Lally. 2012. "How Do Habits Guide Behavior? Perceived and Actual Triggers of Habits in Daily Life." Journal of Experi-mental Social Psychology 48 (2): 492–98.
- Newman, Joseph, William T. Wolff and Eliot T. Hearst. 1980. "The Feature-Positive Effect in Adult Human Subjects." Jour-nal of Experimental Psychology. Human Learning and Memory 6 (5): 630–50.
- Nickerson, Raymond S. 1998. "Confirmation Bias: A Ubiquitous Phenomenon in Many Guises." Review of General Psychology 2 (2): 175–220.
- Ophir, Eyal, Clifford Nass and Anthony D. Wagner. 2009. "Cog-nitive Control in Media Multitaskers." Proceedings of the Na-tional Academy of Sciences 106 (37): 15583–87.
- Oppenheimer, Daniel M. 2006. "Consequences of Erudite Ver-nacular Utilized Irrespective of Necessity: Problems with Using Long Words Needlessly". Applied Cognitive Psychology 20 (2): 139–56.
- Painter, James E, Brian Wansink, and Julie B. Hieggelke. 2002. "How Visibility and Convenience Influence Candy Consump-tion". Appetite 38 (3): 237–38.
- Parkinson, Northcote C. 1957. Parkinson`s Law and Other Stud-ies of Administration. Cambridge - Massachusetts: The River-side Press.

- Peters, Sibylle, and Martin Jörg Schäfer. 2006. "Intellektuelle An-schauung - unmögliche Evidenz." In Intellektuelle Anschau-ung. Figurationen von Evidenz zwischen Kunst und Wissen, edited by Sibylle Peters and Martin Jörg Schäfer, 9–21. Bielefeld.
- Pham, Lien B., and Shelley E. Taylor. 1999. "From Thought to Action: Effects of Process-Versus Outcome-Based Mental Simulations on Performance." Personality and Social Psycholo-gy Bulletin 25 (2): 250–60.
- Quiller-Couch, Arthur. 2006. On the Art of Writing. Mineola, NY: Dover Publications.
- Rassin, Eric G. C. 2014. "Reducing the Feature-Positive Effect by Alerting People to Its Existence." Learning & Behavior 42 (4): 313–17.
- Ratey, John J. 2008. Spark: The Revolutionary New Science of Exercise and the Brain. New York: Little, Brown & Company.
- Reeve, Johnmarshall. 2009. "Why Teachers Adopt a Controlling Motivating Style Toward Students and How They Can Become More Autonomy Supportive". Educational Psychologist 44 (3): 159–75.
- Reeve, Johnmarshall, and Hyungshim Jang. 2006. "What Teachers Say and Do to Support Students' Autonomy during a Learning Activity." Journal of Educational Psychology 98 (1): 209–18.
- Rheinberger, Hans-Jörg. 1997. Toward a History of Epistemic Things: Synthesizing Proteins in the Test Tube. Stanford, Calif: Stanford University Press.
- Rickheit, Gert, and C. Sichelschmidt. 1999. "Mental Models: Some Answers, Some Questions, Some Suggestions". In Mental Models in Discourse Processing and Reasoning, edited by Gert Rickheit and Christopher Habel, 6–40. Cambridge, MA: Else-vier.
- Rivard, Lé Onard P. 1994. "A Review of Writing to Learn in Sci-ence: Implications for Practice and Research." Journal of Re-search in Science Teaching 31 (9): 969–83.
- Robinson, Francis Pleasant. 1978. Effective Study. 6thed. New York: Harper & Row.
- Rodin, Judith, and Ellen J. Langer. 1977. "Long-term effects of a control-relevant intervention with the institutionalized aged." Journal of Personality and Social Psychology 35 (12): 897–902.
- Roediger, Henry L., and Jeffrey D. Karpicke. 2006. "The Power of Testing Memory: Basic Research and Implications for Educa-tional Practice." Perspectives on Psychological Science 1 (3): 181–210.
- Rosen, Christine. 2008. "The Myth of Multitasking." The New Atlantic Spring (20): 105–10.
- Rothenberg, Albert. 1971. "The Process of Janusian Thinking in Creativity." Archives of General Psychiatry 24 (3): 195–205.
- ———. 1996. "The Janusian Process in Scientific Creativity." Creativity Research Journal 9 (2–3): 207–31.
- ———. 2015. Flight from wonder: an investigation of scientific creativity. Oxford; New York: Oxford University Press.
- Ryfe, David M., and Markus Kemmelmeier. 2011. "Quoting Prac-tices, Path Dependency and the Birth of Modern Journalism." Journalism Studies 12 (1): 10–26.
- Sachs, Helmut. 2013. Remember Everything You Want and Man-age the Rest: Improve Your Memory and Learning, Organize Your Brain, and Effectively Manage Your Knowledge. Amazon Digital Services.
- Sainsbury, Robert. 1971. "The 'Feature Positive Effect' and Simul-taneous Discrimination Learning." Journal of Experimental Child Psychology 11 (3): 347–56.
- Schacter, Daniel L. 2001. The Seven Sins of Memory: How the Mind Forgets and Remembers. Boston: Houghton Mifflin.
- Schacter, Daniel L., Joan Y. Chiao, and Jason P. Mitchell. 2003. "The Seven Sins of Memory. Implications for Self". Annals of the New York Academy of Sciences 1001 (1): 226–39.
- Schmeichel, Brandon J., Kathleen D. Vohs, and Roy F. Baumeister. 2003. "Intellectual Performance and Ego Depletion: Role of the Self in Logical Reasoning and Other Information Pro-cessing".

Journal of Personality and Social Psychology 85 (1): 33–46.

- Schmidt, Johannes F.K. 2013. "Der Nachlass Niklas Luhmanns – eine erste Sichtung: Zettelkasten und Manuskripte." Soziale Systeme 19 (1): 167–83.
- ———. 2015. "Der Zettelkasten Niklas Luhmanns als Überra-schungsgenerator." In Serendipity: Vom Glück des Findens. Köln: Snoeck.
- Schwartz, Barry. 2007. The Paradox of Choice. New York: HarperCollins.
- Searle, John R. 1983. Intentionality, an Essay in the Philosophy of Mind. Cambridge; New York: Cambridge University Press.
- Shapin, Steven. 1996. The Scientific Revolution. Chicago, IL: Uni-versity of Chicago Press.
- Singer, R., D. S. Downs, L. Bouchard, and D. de la Pena. 2001. "The Influence of a Process versus an Outcome Orientation on Tennis Performance and Knowledge." Journal of Sport Be-havior 24 (2): 213–22.
- Stein, Barry S., Joan Littlefield, John D. Bransford, and Martin Per-sampieri. 1984. "Elaboration and Knowledge Acquisition." Memory & Cognition 12 (5): 522–29.
- Stokes, Patricia D. 2001. "Variability, Constraints, and Creativity: Shedding Light on Claude Monet." American Psychologist 56 (4): 355–59.
- Strack, Fritz, and Thomas Mussweiler. 1997. "Explaining the En-igmatic Anchoring Effect: Mechanisms of Selective Accessibil-ity." Journal of Personality and Social Psychology 73 (3): 437–46.
- Sull, Donald and Eisenhardt, Kathleen M. 2015. Simple Rules: How to Thrive in a Complex World. Boston; New York: Houghton Mifflin Harcourt.
- Swing, E. L., D. A. Gentile, C. A. Anderson, and D. A. Walsh. 2010. "Television and Video Game Exposure and the Devel-opment of Attention Problems." PEDIATRICS 126 (2): 214–21.
- Taleb, Nassim Nicholas. 2005. Fooled by Randomness: The Hid-den Role of Chance in Life and in the Markets. 2nd ed. New York: Random House.
- Tangney, June P., Roy F. Baumeister, and Angie Luzio Boone. 2004. „High Self-Control Predicts Good Adjustment, Less Pa-thology, Better Grades, and Interpersonal Success". Journal of Personality 72(2):271–324
- Thaler, Richard H. 2015. Misbehaving: The Making of Behavioral Economics. W. W. Norton & Company.
- Trollope, Anthony. 2008. An Autobiography. Newcastle: CSP Classic Texts.
- Vartanian, Oshin. 2009. "Variable Attention Facilitates Creative Problem Solving." Psychology of Aesthetics, Creativity, and the Arts 3 (1): 57–59.
- Wagner, Ullrich, Steffen Gais, Hilde Haider, Rolf Verleger, and Jan Born. 2004. "Sleep inspires insight." Nature 427 (6972): 352–55.
- Wamsley, Erin J., Matthew Tucker, Jessica D. Payne, Joseph A. Benavides, and Robert Stickgold. 2010. "Dreaming of a Learn-ing Task Is Associated with Enhanced Sleep-Dependent Memory Consolidation." Current Biology 20 (9): 850–55.
- Wang, Zheng, and John M. Tchernev. 2012. "The 'Myth' of Media Multitasking: Reciprocal Dynamics of Media Multitasking, Per-sonal Needs, and Gratifications." Journal of Communication 62 (3): 493–513.
- Whitehead, A. N. (1911): An Introduction to Mathematics. Cam-bridge: Cambridge University Press.
- Wolfe, Christopher R., and M. Anne Britt. 2008. "The Locus of the Myside Bias in Written Argumentation". Thinking & Reasoning 14 (1): 1–27.
- Zeigarnik, Bluma. 1927. "Über das Behalten erledigter und unerle-digter Handlungen." Psychologische Forschung 9: 1–85.
- Zull, James E. 2002. The Art of Changing the Brain: Enriching the Practice of Teaching by Exploring the Biology of Learning. Sterling, Va: Stylus Publishing.

卡片盒筆記——

最高效思考筆記術：德國教授超強秘技，促進寫作、學習與思考，使你洞見源源不斷，成為專家

How to Take Smart Notes

One Simple Technique to Boost Writing, Learning and Thinking – for Students, Academics and Nonfiction Book Writers.

作　　者　申克・艾倫斯（Sönke Ahrens）
譯　　者　吳琪仁
行銷企畫　劉妍伶
執行編輯　陳希林
封面設計　陳文德
內文構成　陳佩娟

發 行 人　王榮文
出版發行　遠流出版事業股份有限公司
地　　址　104005臺北市中山區中山北路1段11號13樓
客服電話　02-2571-0297
傳　　真　02-2571-0197
郵　　撥　0189456-1
著作權顧問　蕭雄淋律師

2022年05月01日 初版一刷
定價 新台幣399元（如有缺頁或破損，請寄回更換）
有著作權・侵害必究 Printed in Taiwan
ISBN　978-957-32-9508-2
遠流博識網　http://www.ylib.com
E-mail: ylib@ylib.com

How to Take Smart Notes: One Simple Technique to Boost Writing, Learning and Thinking – for Students, Academics and Nonfiction Book Writers
Copyrights © 2017 by Sönke Ahrens

All Rights Reserved.
Complex Chinese translation copyright © 2022 by Yuan-Liou Publishing Co., Ltd.

圖書館出版品預行編目(CIP)資料

卡片盒筆記，最高效思考筆記術：德國教授超強秘技，促進寫作、學習與思考，使你洞見源源不斷，成為專家/申克．艾倫斯(Sönke Ahrens)著；吳琪仁譯
-- 初版. -- 臺北市：遠流出版事業股份有限公司, 2022.05
面；　公分

譯自：How to Take Smart Notes：One Simple Technique to Boost Writing, Learning and Thinking – for Students, Academics and Nonfiction Book Writers.
ISBN：978-957-32-9508-2（平裝）

1.CST: 筆記法 2.CST: 寫作法

019.2　　111004235